古文字與中華文明傳承發展工程

玄鸟文丛

王子今 主编

沧海大风

王子今 著

中州古籍出版社

·郑州·

图书在版编目（CIP）数据

沧海大风 / 王子今著 . -- 郑州 : 中州古籍出版社，2024. 10. --（玄鸟文丛）. -- ISBN 978-7-5738-1531-6

Ⅰ. K232.07-53

中国国家版本馆 CIP 数据核字第 2024JV3463 号

CANGHAI DAFENG

沧海大风

出 版 人　许绍山
策划编辑　郑　雄　闵世勇
责任编辑　闵世勇　吕兵伟
责任校对　李接力
装帧设计　曾晶晶

出 版 社　中州古籍出版社（地址：郑州市郑东新区祥盛街 27 号 6 层
邮编：450016　电话：0371-65788693）
发行单位　河南省新华书店发行集团有限公司
承印单位　河南印之星印务有限公司
开　　本　787 mm × 1092 mm　1/32
印　　张　8.25
字　　数　130 千字
版　　次　2024 年 10 月第 1 版
印　　次　2024 年 10 月第 1 次印刷
定　　价　33.00 元

总序

“玄鸟文丛”收入王仁湘《月西日东》、吕宗力《诸神在人间》、王子今《沧海大风》、陈文豪《庸儒斋随笔》、汤惠生《思想的形状》、李华瑞《平坡遵道续集》、朝戈金《雪地走橐驼》共7种随笔集。

“玄鸟文丛”的这几位作者都是考古学、中国史、民俗学、文学等学术领域学有优长，做出过一些学术贡献的学人。大多声名响亮，是名震一方甚至享誉海内外的学术领袖。但是这组作品的基本品质和主要内容，并不是非常严肃的学术论说，其学思往往溢于专业框架之外，因而多有自然、生动、新鲜的气息。但是所有的文字，又都是作者在自己学业基础之上的精心创作，往往在轻松的风格后面，透现出雄厚的学理基底。通过从容的叙说，读者应当也可以体会到深沉的思想脉动。

“玄鸟文丛”定名，由自中州古籍出版社出版人的建议。在上古神话传说中，“玄鸟”是沟通天与地，联系自然与人文的飞动的精灵。据说少皞部族联盟“纪于鸟，为鸟师而鸟名”。“玄鸟氏，司分者也。”玄鸟执掌着最重要的春秋季节转换。（杜预《春秋经传集解》：“玄鸟，燕也。以春分来，秋分去。”）《诗·商颂·玄鸟》说：“天命玄鸟，降而生商，宅殷土芒芒。”《史记》卷一三《三代世表》曰：“诗人美而颂之曰‘殷社芒芒，天命玄鸟，降而生商’。”《焦氏易林》卷九《晋·剥》言：“天命玄鸟，下生大商。”其说由来于商人先祖“契”的生母简狄吞玄鸟卵怀孕的传说。《史记》卷三《殷本纪》说：“三人行浴，见玄鸟堕其卵，简狄取吞之，因孕生契。”司马贞《索隐》引谯周云：“（契）其母娀氏女，与宗妇三人浴于川，玄鸟遗卵，简狄吞之。”裴骃《集解》：“《礼纬》曰：‘祖以玄鸟生子也。’”而《史记》卷五《秦本纪》记载，另一影响历史走向的族群有关先祖的神话中，也有“玄鸟生子”情节：“女修织，玄鸟陨卵，女修吞之，生子大业。”神秘的生命接续神话，将社会文明与“玄鸟”的轻羽联系起来，借助神翼实现腾飞。王褒《九怀·蓄英》言：“玄鸟兮辞归，飞翔兮灵丘。”王逸注：“悲鸣神山，奋羽翼也。”（《楚辞补注》，中华书局 1983 年版，第 275 页）汉人的“玄鸟”咏叹，似乎表达了特殊的文化感觉。“玄鸟”的飞翔与鸣叫，可能是丛书设计者的初衷。

近年“随笔”受到书界关注，“随笔”作为文体，其实有悠久的传统。放宽眼界来看，古来学者的许多“笔记”“札记”，与个人所称“随笔”多有共性。近代思想家鲁迅的许多杂文，大略也可以归入通常所谓“随笔”一类。不过鲁迅似不用“随笔”之称。他的一些文章题名“随感录”，关心“随笔”文体史的学者，也许应当有所注意。鲁迅有作于 1918 年的《随感录二十五》《随感录三十三》《随感录三十五至三十八》，作于 1919 年的《随感录三十九至四十三》《随感录四十六至四十九》《随感录五十三至五十四》，以及《随感录五十六至五十九》《随感录六十一至六十六》，都编在《热风》中，收入《鲁迅全集》第1卷。另有《随感录》《随感录二十五》，收入《鲁迅全集》第8卷。据注释，收入第1卷者“据手稿编入，当作于1918年4月至1919年4月间”，收入第8卷者“最初发表于1919年4月30日《每周评论》第十五号‘随感录’栏。原无标题，每则文后均署庚言”。(《鲁迅全集》，人民文学出版社2005年版，第8卷，第106至107页）鲁迅的《随感录》，有的有标题，多数则只有标号。鲁迅题《随感录》的文章，其中多有现今人常称为“金句”者，许多言辞透露出历史的真知。比如:“不满是向上的车轮，能够载着不自满的人类，向人道前进。”“多有不自满的人的种族，永远前进，永远有希望。”“多有只知责人不知反省的人的种族，祸哉祸哉！”(《随感录六十一，不满》，《鲁迅全集》，第1卷，第376页）

对于我稍微熟悉一些的秦汉史，这样的议论不妨在这里引录:“古时候，秦始皇帝很阔气，刘邦和项羽都看见了；邦说，‘嗟乎！大丈夫当如此也！’羽说，‘彼可取而代也！’

羽要‘取’什么呢？便是取邦所说的‘如此’。‘如此’的程度，虽有不同，可是谁也想取；被取的是‘彼’，取的是‘丈夫’。所有‘彼’与‘丈夫’的心中，便都是这‘圣武’的产生所，受纳所。”鲁迅说，“如此”以及“如此”之后，有三个层次的“算最高理想的表现”：1.“纯粹兽性方面的欲望的满足——威福，子女，玉帛”；2. 面对“死”，于是“求神仙”；3.“造坟，来保存死尸，想用自己的尸体，永远占据着一块地面”。鲁迅三次用同样的语句强调：“我怕现在的人，也还被这理想支配着。”他还写道：“现在的外来思想，无论如何，总不免有些自由平等的气息，互助共存的气息，在我们这单有‘我’，单想‘取彼’，单要由我喝尽了一切空间时间的酒的思想界上，实没有插足的余地。”鲁迅所说的“现在”和我们今天面对的“现在”，已经相差 104 年。但是我们知道，他指出的“纯粹兽性方面的欲望的满足”以及其他层次的“理想”，依然“支配着”“很阔气”的“现在的人”。

在言及“秦始皇帝很阔气”之说的前面一段话，鲁迅论“圣武”，也可以给我们有意义的启示。他写道：“几位读者怕要生气，说：‘中国时常有将性命去殉他主义的人，中华民国以来，也因为主义上死了多少烈士，你何以一笔抹杀？吓！’这话也是真的。我们从旧的外来思想说罢，六朝的确有许多焚身的和尚，唐朝也有过砍下臂膊布施无赖的和尚；从新的说罢，自然也有过几个人的。然而与中国历史，仍不相干。因为历史结帐，不能像数学一般精密，写下许多小数，却只能学粗人算帐的四舍五入法门，记一笔整数。”他说：“中国历史的整数里面，实在没有什么思想主义在内。这整数只是两种物质，——是刀与火……”“‘刀与火’也触目，我们也可以别想花样，奉献一个谥法，称作‘圣武’，便好看了。”（《随感录五十九，“圣武”》，《鲁迅全集》，第 1 卷，第 371 至 373 页）

鲁迅熟悉“中国历史”，尤其善于进行历史的透视，历史的总结，历史的理解和说明，也就是“历史结帐”。他的许多历史分析，是专门的史学工作者的榜样。

“玄鸟文丛”的作者们，应当都是赞同鲁迅的意见，也愿意探知和说明“中国历史的整数”的。“玄鸟文丛”中的文字，有些可以体现这样的努力。

匆匆以此短序回复出版社的要求，言略意长，但是没有经过深沉思考，希望不至于对不起这套“玄鸟文丛”，不至于辱没了其他6位好友。

承中州古籍出版社认真编校、正式推出，谨此代表作者表示感谢。至于读者是怎样的态度，是表扬赞许还是冷漠视之，或者批评鄙视，当然要待发行之后再注意倾听。

王子今

2024年10月于北京

引言：秦汉雄大精神

面对铜镜这样的古代文物，鲁迅曾经盛赞汉代社会的文化风格："遥想汉人多少闳放，新来的动植物，即毫不拘忌，来充装饰的花纹。"鲁迅也曾经就汉唐历史进行总体评价："汉唐虽然也有边患，但魄力究竟雄大，人民具有不至于为异族奴隶的自信心，或者竟毫未想到，凡取用外来事物的时候，就如将彼俘来一样，自由驱使，绝不介怀。"（《坟·看镜有感》，《鲁迅全集》，人民文学出版社 1978 年版，第 1 卷，第 208 页至第 209 页）鲁迅热情肯定当时民族精神的所谓“豁达闳大之风”。对于汉代艺术品质，鲁迅也曾经有“惟汉人石刻，气魄深沈雄大”的赞赏（《书信 · 1935 年 9 月 9 日致李桦》，《鲁迅全集》，第 13 卷，第 539 页）。

所谓“闳放”和“雄大”，其实既可以看作对秦汉时期社会文化风格的总结，也可以看作对当时我们民族性格、民族精神的表述。而进取意识、务实态度、开放胸怀，也是这一时期社会文化的基本风格。

《庄子 · 秋水》说：“秋水时至，百川灌河。泾流之大，两涘渚崖之间，不辨牛马。于是焉河伯欣然自喜，以天下之美为尽在己。顺流而东行，至于北海，东面而视，不见水端。于是焉河伯始旋其面目，望洋向若而叹……”导致生成后来“望洋”“望洋而叹”“望洋兴叹”这样的寓言，讲述了“小”“大”之间的认识论哲理。以“百川”“河”“流”比喻历史，也多有古来贤圣名言，如《论语 · 子罕》：“子在川上曰：逝者如斯夫，不舍昼夜。”《孟子 · 离娄下》：“孟子曰：‘原泉混混，不舍昼夜，盈科而后进，放乎四海……’”《荀子·宥坐》也写道："孔子观于东流之水"，回答子贡之问，讲述了为什么"君子见大水必观焉"。《大戴礼记·劝学》《说苑·杂言》也都有这样的内容。儒学大仁大智的思想领袖，观察江河运行，是可以很自然地进行历史哲学的深思的。江河奔流向海，不同的河段，有不同的岸涯地貌和水文状况。《水经注》说晋陕之间的黄河，或"夹岸崇深，倾崖返捍"，或"水流交冲，素气云浮"，或"崩浪万寻，悬流千丈，浑洪赑怒，鼓若山腾"（《水经注》卷四《河水》），至于下游，则有"盛溢""委泛"情形，甚至"为陂淀，渊潭相接"（《水经注》卷五《河水》）。又如长江一脉东流，三峡地方，"两岸连山，略无阙处，重岩叠嶂，隐天蔽日，自非停午夜分，不见曦月"。航道多有"崩崖所陨，致怒湍流"的险滩。而下游则往往"深广"（《水经注》卷三四《江水》），也可见"水枳为湖"（《水经注》卷三五《江水》）的形势。如唐诗言"行舟绿水前"所见"潮平两岸阔"（〔唐〕王湾：《次北固山下作》，〔唐〕芮挺章编：《国秀集》卷下）景象。一个民族的精神风貌在不同的历史时期有所不同，考察民族文化的时代精神，是有意义的。

秦汉人形容当时的社会文化节奏，称“鼓之以雷霆，奋之以风雨”（《史记》卷二四《乐书》），也有“骋驰若骛”（《淮南子·修务》）、“奔扬”（《史记》卷一一七《司马相如列传》）、“追速”（《淮南子·说林》）的说法。而秦汉丰富的文化收获来自发明和创造，是人们所熟知的。秦汉实现的“大一统”及政治格局、法制建设、官吏选用管理形式对后世形成的长久影响，也有必要回顾分析。

本书收入的学术随笔分为三组：秦汉文化史琐谈；秦汉研究的学术史；“秦汉之规摹”：帝制时代的社会文化。

“秦汉之规摹”一语，见于《北史》卷一二《恭帝纪》和《隋书》卷四《炀帝杨广纪下》：“狭殷、周之制度，尚秦、汉之规摹。”秦汉政治设计对后世产生了规定性的历史作用，秦汉行政制度、司法制度、礼仪制度、文化制度对后世的长久影响为史家所肯定。如《晋书》卷二四《陆机传》记载，陆机著《五等论》，其中写道：“夫体国经野，先王所慎，创制垂基，思隆后叶。然而经略不同，长世异术。五等之制，始于黄唐，郡县之治，创于秦汉，得失成败，备在典谟，是以其详可得而言。”陆机以为“圣王经国，义在封建”，《五等论》“采其远指”，批评“亡秦”“弃道任术”，以致“速亡趋乱”，“颠沛之衅，实由孤立”。而“汉矫秦枉”，“过正之灾，而非建侯之累也”。“逮至中叶，忌其失节，割削宗子，有名无实，天下旷然，复袭亡秦之轨矣。”“光武中兴，纂隆皇统，而由遵覆车之遗辙，养丧家之宿疾。”他说：“前人欲以垂后，后嗣思其堂构，……然则八代之制，几可以一理贯；秦汉之典，殆可以一言蔽也。”陆机倾向“封建”，批评“郡县之治”，然而也承认“秦汉之典”其实已经实现了“垂后”的影响。陆机说“郡县之治，创于秦汉”，《周书》卷一三《文闵明武宣诸子传》所谓“郡县之设，始于秦汉之后”，也都指出了秦汉政治制度对后世的影响。《旧唐书》又有“循秦、汉之规”（卷二〇下《哀帝纪下》），“因秦、汉之制”（卷一六〇《李翱传》）的说法，后世或言“依秦汉之制”（《通典》卷六三《礼二十三·嘉八·天子诸侯玉佩剑绶玺印》），“摹秦汉之规”（〔清〕毛奇龄：《封禅巡狩不相袭议》，《西河集》卷七《议二》），也都指出了秦汉制度对后世政治文化风格的长久影响。笔者在《帝国下腹部的脂肪》（《读书》2022 年 1 期）一文中，也讨论了循“秦汉之典”“秦汉之制”“秦汉之规”而出现的相关政治文化现象。

书之名“沧海大风”,是以之概括秦汉文化的“闳放”“雄大”气象。“沧海”一词，是受到近期完成的学术任务《秦汉海洋文化研究》之后思维惯性的影响。收入本书的《秦汉社会的海洋视界》就是对完成国家社科基金重点项目“秦汉时期的海洋探索与早期海洋学研究”工作情况的简略总结。汉帝国“置沧海之郡”(《史记》卷三〇《平准书》)，是版图扩张的重要战略。汉赋文字“跃青龙于沧海”(《后汉书》卷二八下《冯衍传》)，以及“前唐中而后太液，揽沧海之汤汤，扬波涛于碣石，激神岳之嶵嶵，滥瀛洲与方壶，蓬莱起乎中央”(《后汉书》卷四〇上《班固传》)，又如“蹈沧海，跨昆仑”,“东综沧海，西纲流沙”(《后汉书》卷八〇上《文苑传上·杜笃》)，都在涉及汉代社会海洋文化的文学表现时，显现“沧海”作为文字符号的意义。“大风”出自汉高祖刘邦《大风歌》。《史记》卷八《高祖本纪》索隐述赞颂扬刘邦帝业的成功，最后写道:“威加四海，还歌《大风》。”太史公记载:“(刘邦)自为歌诗曰:‘大风起兮云飞扬，威加海内兮归故乡，安得猛士兮守四方。’”笔者曾经著文《英雄歌哭：太史公笔下刘项的心思和表情》，对刘邦、项羽两位英雄歌诗之后“泣数行下”的心境做了分析。《史记》卷七《项羽本纪》，有一段对垓下决战的精彩描述。这是楚霸王英雄生涯最后一幕的重要情节，读来使人印象至深：“项王军壁垓下，兵少食尽，汉军及诸侯兵围之数重。夜闻汉军四面皆楚歌，项王乃大惊曰：‘汉皆已得楚乎？是何楚人之多也！’项王则夜起，饮帐中。有美人名虞，常幸从；骏马名骓，常骑之。于是项王乃悲歌忼慨，自为诗曰：‘力拔山兮气盖世，时不利兮骓不逝。骓不逝兮可奈何，虞兮虞兮奈若何！’歌数阕，美人和之。项王泣数行下，左右皆泣，莫能仰视。”而刘邦“威加四海，还歌《大风》”事，见于《史记》卷八《高祖本纪》的记述：“高祖还归，过沛，留。置酒沛宫，悉召故人父老子弟纵酒，发沛中儿得百二十人，教之歌。酒酣，高祖击筑，自为歌诗曰：‘大风起兮云飞扬，威加海内兮归故乡，安得猛士兮守四方！’令儿皆和习之。高祖乃起舞，慷慨伤怀，泣数行下。”据《史记》篇次相邻的文字记录，虽一负一胜，一败一成，两位均是“气大敢做”的英雄，在彼此不同的故事情境中，却有相近的表现。项羽“自为诗曰”，刘邦“自为歌诗曰”。项羽“悲歌忼慨”，刘邦“慷慨伤怀”。项羽“饮帐中”，刘邦“置酒沛宫”，“纵酒”，“酒酣”。项羽“歌数阕，美人和之”，似乎是男女声共同的表演；而刘邦先则“击筑”，后“乃起舞”，也参与了集体狂欢。一个失败的英雄，面对悲剧结局，自为壮歌，“泣数行下”。一个成功的英雄，面对“神光一掉八千里”，“西南扫地迎天子”（〔唐〕张碧：《鸿沟》，《全唐诗》卷四六九）的胜利庆典，同样在“自为歌诗”，“令儿皆和习之”之后，“泣数行下”。在刘项故事两处各见“泣数行下”四字的背后，太史公似乎是有深意的。就刘邦“酒酣”唱“大风”故事的描写，刘辰翁说：“古今文字，淋漓尽兴，言笑有情，少可及此。”（《班马异同》卷二）吴见思说，“沛中留饮处”，“写其豁达本色，语语入神”。（《史记论文·高祖本纪》）李晚芳也有近似的评价：“沛中留饮，处处画出豁达大度”，“语语入神”。（《读史管见》卷一《高祖本纪》）这里借去“大风”文辞，也希望能够借以表现汉帝国政治上升时期的英雄主义和进取精神。《英雄歌哭：太史公笔下刘项的心思和表情》一文，发表时题为《太史公笔下刘项的心思和表情》（《文汇学人》2017 年 10 月 20 日 15 版）。由于已经收入其他拙著，不便再编入此书。而所收《秋风楼感怀》一文，是参加西北大学出版社沿黄河考察时的心得，其也涉及汉王朝“威加海内”的气势。不过，从《大风歌》到《秋风辞》，汉家帝业有新的发展，也出现了表现“草木黄落”迹象的历史变化。

《霸陵“薄葬”问题与景帝的“孝”与“不孝”》（《文史知识》2022年2期）一文就汉文帝霸陵新的考古发现有所讨论，也涉及“文景之治”及盗墓史的若干问题。有的意见，曾经在20年前发表拙文《霸陵薄葬辨疑》（《考古与文物》2002年2期）中谈到，现在重申旧议，当然是以新的考古收获为基点的。

目录

秦汉文化史琐谈

秦汉研究的学术史

“秦汉之规摹”：帝制时代的社会文化

秦汉文化史琐谈

汉史与汉风

从公元前 206 年刘邦被封汉王至公元 220 年曹丕代汉，是史称汉代的历史阶段。在汉高祖刘邦实现统一之前，有与项羽的激烈征战。在两汉之间，又有王莽新朝的短暂统治。在汉代前后 4 个多世纪的历史阶段内，中国文明的构成形式和创造内容都有重要的变化。汉代人以黄河流域、长江流域和珠江流域为主要舞台，进行了生动活跃的历史表演，推动了中华民族历史文化巨大的进步。

这一时期，高度集权的“大一统”的政治体制基本形成，且因经历了多次历史考验而愈益完备；以农耕经济为主的经济形态走向成熟，物质文明取得了空前的成就；不同的区域文化经长期融汇，形成了具有统一风貌的汉文化。儒学正统地位的建立和巩固适应了专制主义政治制度，对后来的历史发生了规范化的影响。这一时期中国对于世界文明发展的贡献，有光荣的历史记录。汉文化的风格，或者说“汉风”，体现出开放、进取、豪迈、宏大的气象。

1. 汉朝的历史进程

经过战国时期多年的兼并战争，秦国在公元前221年，即秦王嬴政即位的第26年统一六国。秦的历史非常短暂。公元前206年，秦始皇创立的这个空前强大的王朝被民众暴动所推翻。秦亡之后，反秦联军中实力最为强大的项羽军事集团掌握了关中形势，主宰了各派政治势力的权力再分配。项羽号称“西楚霸王”，然而没有能够全面控制天下政局，诸侯之间的战火重新燃起。稳健多谋的政治家刘邦取得关中，并将其作为根据地，又得到诸多能臣猛将的拥戴，终于战胜项羽，建立了汉王朝，定都长安，史称西汉。

西汉初年，政治形势依然复杂，经济条件异常落后，外族威胁空前严重。刘邦和他的功臣集团排除诸多困难，努力使西汉政权得以稳定。刘邦去世后，西汉王朝又经历了吕后专政的时代，随后进入汉文帝刘恒和汉景帝刘启当政的文景时期。文景两代 39 年间，政局稳定，经济得到显著的发展，历来被看作安定繁荣的盛世的典型，史称“文景之治”。

汉武帝在位 54 年，是中国古代执政年代比较长的帝王。汉武帝时代，西汉王朝开始进入全盛时期，以汉族为主体的统一的多民族国家得到空前的巩固，汉文化的主流形态基本形成，中国开始以文明、富强的政治实体和文化实体闻名于世。汉武帝时代是英才荟萃的时代。文学、史学、哲学、政治学、经济学、军事学等，在这一时期都有繁盛丰实的创造性的成果。当时的西汉帝国以其精神文化和物质文化的辉煌成就成为东方文明的骄傲。

汉武帝之后，西汉王朝经历了史称“昭宣中兴”的阶段，社会经济得以恢复并且表现出一种繁荣气象。此后汉元帝、汉成帝、汉哀帝、汉平帝当政的时期，社会矛盾日益深刻，政治危局已经无可挽回。

有意通过政治变革改变局势的王莽在这样的情况下走上历史舞台。王莽建立新朝，为了缓和日益激化的社会矛盾，进行了包括多项内容的社会改革，但这些努力均以失败告终。在随后爆发的全国性的民众起义的冲击下，新朝灭亡。

宗室成员刘秀重新实现了统一，建立了东汉王朝。在诸多反抗王莽的政治活动家之中，刘秀有较为远阔的战略眼光，团结了具有较高文化素养的人才集团，运用了较为灵活的军事策略，确定了较为开明的执政方针，因而取得了较为显著的成功。刘秀曾经宣布愿“以柔道”“理天下”(《后汉书》卷一下《光武帝纪下》)，确定了东汉王朝的政治风格。东汉时期，儒学的文化权威被抬高到空前的地位。

自两汉之际以来，江南经济确实得到速度明显优胜于北方的发展。全国的经济重心开始向南移动，江南经济区的重要性显著增长。这一动态，开启了中国历史上影响深远的巨大变化。

2. 汉代文化的丰收

秦代的文化专制主义，并没有斩断各家文化流脉。汉代学术的复苏，再次形成了新的文化高潮。《汉书》卷一〇〇下《叙传下》总结“艺文”的源流时说：“秦人是灭，汉修其缺。”汉代的学术文化和科学发明以及艺术创作，都有新的创制和新的积累。

汉代史学成就的顶峰，是司马迁的《史记》和班固的《汉书》。《淮南子》一书，可以看作西汉前期思想的总结。《淮南子》的作者著作这部书时，大致在西汉建国 70 年前后。在东汉历史大体相当的阶段，著名思想家王充写作了《论衡》一书。《论衡》以道家自然之说立论，又对自然作了唯物论的解释。

《汉书》卷三〇《艺文志》中著录农书 9 种，其中至少有 3 种是西汉时期的著作。可见当时农学已经成为一种专门的学科。西汉农学专著中，以《氾胜之书》最为重要。《四民月令》成书于东汉后期，是当时以洛阳地区为中心的中原田庄经营经验的总结。中医学的体系在汉代建立起来，也是科学发明的突出成就。东汉著名科学家张衡主张浑天说，认为天地之象如卵之裹黄，天外地内，天动地静。他撰有《灵宪》一书，解释天体演运的道理。书中正确地阐明了月光是日光的反照，月食是因月球进入地影形成的；还认识到行星运动的速度与距太阳的远近有关。汉代最重要的算学著作《九章算术》的最后定型，大致在汉和帝时期。《九章算术》成书，标志着中国古代数学的完整体系的形成。从湖北江陵张家山汉墓出土竹简《算数书》的内容，可以了解西汉初期中国数学已经发展到相当高的水平。

造纸术是中华民族的伟大发明。汉代纸得以广泛应用，使得信息的记录、信息的储存、信息的传播、信息的继承都有了革命性的进步。

考古发现的汉墓壁画有天象、神仙、山川、龙凤和历史人物等主题，笔法活跃生动，色彩富丽鲜明。画像石和画像砖的画面，有些内容今人已经不易理解，但是其艺术手法的高超，依然显示出无穷的感染力。漆器图案明丽鲜艳的色调和流动如生的线条，也显现出汉代艺术骄人的光彩。出土帛画作品因历时长久虽然不再鲜亮，但却呈现出卓越的艺术手法。汉代雕塑作品的大宗是墓葬出土的明器，陶俑往往形态逼真，表情生动。陶质动物模型的制作，也细致精心。木雕作品保存至今的数量有限，也是研究艺术史的珍贵标本。武威雷台汉墓出土青铜“天马”，可以看作表现超逸奔放的艺术精神的杰作。

据《史记》卷八《高祖本纪》记载，刘邦回乡，自为歌诗：“大风起兮云飞扬，威加海内兮归故乡，安得猛士兮守四方！”集合120名沛中小儿合唱。这些儿童称作“歌儿”。得到汉武帝爱幸，后来位居皇后之尊的卫子夫原本就是专职歌唱演员。《后汉书·宦者列传》说，高层社会消费生活的内容，包括“歌童、舞女之玩”。这些艺术表演者还有“歌人”“歌童”等称谓。《汉书》卷二二《礼乐志》说到汉武帝设立“乐府”机构，其职任包括“采诗”和组织文人“造为诗赋”，配以歌乐。皇家享乐生活和神祠仪式的需要，使得宫廷音乐在专家的参与下得到了艺术提升和理论总结。“百戏”在汉代已经成为乐舞杂技的总称。这里出现的“戏”字，和后来戏剧的“戏”不完全等同。不过，汉代已经出现了戏剧的雏形。“东海黄公”故事就是汉代百戏表演中的一个确定的节目。

汉代画像所见关城、宫阙、市亭、路桥，都反映出当时公共建筑设计的美学要求。而通过墓葬出土建筑模型所看到的当时的民居建筑的结构造型也透露出社会普遍的审美意识。汉代瓦当是其他历史时期罕见的艺术珍品，其图案和文字优美和谐地有机结合，体现出设计者和制作者的巧思。

3.“天马”象征

汉武帝为了结成夹击匈奴的军事联盟，招募使者出使大月氏。汉中人张骞应募，于建元二年（前 139）出发西行。途中为匈奴人拘禁。10 年之后，张骞逃脱，继续履行使命，西越葱岭，行至大宛（今费尔干纳盆地），经康居（今锡尔河北岸），抵达已经定居在今乌兹别克斯坦阿姆河北岸，又统领了大夏（今阿富汗北部）的大月氏。然而大月氏无意对匈奴作战。张骞只得东返，在归途中又被匈奴俘获，扣留一年多，乘匈奴内乱，方于元朔三年（前 126）回到长安。张骞出行时随从百余人，最终只有两人得以生还。张骞的西域之行，以前后 13 年的艰难困苦为代价，使中原人得到了丰富的西域知识，同时使汉王朝的声威和汉文化的影响传播到了当时中原人世界观中的西极之地。张骞受封博望侯，于元狩四年（前 119）再次奉使西行。张骞之后，汉与西域的通使往来十分频繁，民间商贸也得到发展。张骞因远行出使的经历，在西域地区享有很高的威望。后来的汉使，多称博望侯以取信于诸国。

《史记》卷一二三《大宛列传》记载，汉武帝曾经以《易》书卜问，得到“神马当从西北来”的兆象。他接受张骞出使乌孙之后乌孙王所献良马，命名为“天马”。后来又得到更为神骏的大宛汗血马，于是把乌孙马改称为“西极”，将大宛马称为“天马”。据说汉武帝为了追求西方良马，所派使者往来西域，络绎不绝。他在获得西域宝马之后，曾经兴致勃勃地作《天马歌》，欢呼这一盛事。太初四年（前 101）得大宛汗血马后，又作《西极天马歌》:“天马来兮从西极。经万里兮归有德。承灵威兮降外国，涉流沙兮四夷服。”可以看出，汉武帝渴求“天马”，并不仅仅是出于对远方珍异宝物的好奇和私爱，而是借以寄托一种骋步“万里”，探索“西极”的雄心。

“天马”远来的汉武帝时代，正是当政者积极开拓中西交通，取得空前成功的历史阶段。当时，据说“殊方异物，四面而至”，“赂遗赠送，万里相奉”（《汉书·西域传下》）。有学者评价汉代丝绸之路开通的意义时曾经指出：“其在中国史的重要性，绝不亚于美洲之发现在欧洲史上的重要。”［俄罗斯学者比楚林（Бичурин）语，见〔苏〕狄雅可夫、尼科尔斯基编：《古代世界史》，日知译，中央人民政府高等教育部教材编审处1954年版，第224页］湖北鄂城出土汉代铜镜铭文“宜西北万里”，新疆罗布泊地区出土的汉代锦绣图案文字“登高明望四海”等，也都体现了当时汉文化面对世界的雄阔胸怀。

“天马”，实际上已经成为象征这一时代汉与西方交通取得历史性进步的一种文化符号。“天马”悠远的蹄声，为张骞生活的时代中外文化交流的成就，保留了长久的历史记忆。

4. 闳放气象·英雄主义·儒雅精神

鲁迅曾经就铜镜这种艺术品的鉴赏，发表过对汉代文化特征的评论。他说：“遥想汉人多少闳放，新来的动植物，即毫不拘忌，来充装饰的花纹。”“汉唐虽然也有边患，但魄力究竟雄大，人民具有不至于为异族奴隶的自信心，或者竟毫未想到，绝不介怀。”(《坟·看镜有感》)对于美术风格，鲁迅也曾经说：“惟汉代石刻，气魄深沈雄大，唐人线画，流动如生，倘取入木刻，或可另辟一境界也。”(《书信·1935年9月9日致李桦》)这里所说的“魄力”“气魄”，当然已经不限于艺术，而涉及文化精神。就汉代文化风格的总体趋势而言，按照鲁迅的表述，“闳放”是基于“自信”，“雄大”的另一面，则是“深沈”。据说许多西域物产，如葡萄、苜蓿、石榴、胡桃、胡麻等，都是由张骞传入中土的。汉代人又以宽阔的胸襟面对外域文化，热心吸收其中具有积极因素、体现人类智慧的成分。例如原生于印度的佛教的传入，就是典型的例证。

匈奴游牧部族联盟的军事力量长期以来压迫着中国北边，使正常的农耕生产受到严重威胁。作为表现出非凡胆识的帝王，汉武帝克服各种困难，发动了对匈奴的反侵略战争。在与匈奴的战争中李广展示雄才和勇武，威震北疆，被匈奴人称为“汉之飞将军”，成为被千古景仰的名将。唐代诗人王昌龄《出塞》诗写道：“秦时明月汉时关，万里长征人未还。但使龙城飞将在，不教胡马度阴山。”青年将领霍去病前后6次出击匈奴，以军功封冠军侯，任骠骑将军。曾出代郡、右北平郡千余里，大败匈奴主力，封狼居胥山，登临翰海。《史记》卷一一一《卫将军骠骑列传》记载，汉武帝要为他修治第宅，他谢绝道：“匈奴未灭，无以家为也！”

自汉武帝时代“罢黜百家，表彰六经”，提升儒学地位之后，孔子学说成为意识形态的主流。学术受到推崇，教育受到重视，世风也随之一变。东汉初年，光武帝刘秀“本好学问”，在他的功臣集团中儒生也发挥着重要作用，甚至军事领袖也“皆有儒者气象”。“诸将之应运而兴者，亦皆多近于儒。”所谓“光武诸功臣，大半多习儒术”（〔清〕赵翼撰：《廿二史札记》卷四），成为引人注目的历史现象。《后汉书·儒林列传上》记载，“光武中兴，爱好经术”，每到一地，未及下车，而先访儒问雅，对于儒学学术建设予以特殊的关心。于是“四方学士”“云会京师”。建武五年（29），天下未定，刘秀即“修起太学”，“起太学博士舍，内外讲堂”，吸引诸多学士云集京师，一时形成了“诸生横巷”的文化盛况。（《后汉书·翟酺传》）本人能通《春秋》和《尚书》的汉明帝，永平二年（59）曾经亲自到太学讲经，《后汉书·儒林列传上》记载当时情形：“帝正坐自讲，诸儒执经问难于前”，旁听围观的群众多至以十万计。可见儒学显赫一时的盛况。汉质帝时，太学生人数增加到3万多。当时太学生在洛阳居民总数中所占比例是惊人的。就全国而言，有人测算，东汉后期每万人中就有太学生6人（郝建平：《论汉代教育对社会的影响》，《阴山学刊》1993年3期），顶级学历的知识人在社会总人口中的比率如此之高，是历史上罕见的。不仅帝王亲自倡导儒家经典的认真研读，太学和郡国官学都得到空前优越的发展条件，东汉私学也繁盛一时。社会上出现了一些累世专攻一经的士大夫家族。他们世代相继，广收门徒。许多名师教授的弟子，往往多至数百乃至数千。《后汉书·儒林列传下》说，学者所在，求学者往往不远万里之路，担负口粮前往就读，动辄千百。而著名的经学大师开门授徒者，名籍往往不下万人。陈留雍丘（今河南杞县）人楼望，诸生著录 9000 余人。汝南南顿（今河南项城市西）人蔡玄，门徒常千人，先后注册的学生多达 16000 人。“负笈”千里求学，成为社会生活中的习见现象。读书学习也是宫廷生活的重要内容。《后汉书 · 皇后纪》说，汉明帝马皇后“能诵《易》，好读《春秋》《楚辞》，尤善《周官》《董仲舒书》”。汉和帝皇后邓绥 6 岁即“能史书”，12 岁时已经精通《诗经》和《论语》，可以和兄长们讨论儒学经传中的学术问题。入宫后，“从曹大家受经书”，往往夜间勤奋读书。汉殇帝的生母左姬“善史书，喜辞赋”。汉顺帝梁皇后据说幼时就“好史书”，“九岁能诵《论语》，治《韩诗》”。向邓绥传授经书和天文、算术的“曹大家”，就是在中国文化史上享有盛名的女学者班昭。班昭是《汉书》主要作者班固的妹妹。班固去世时，这部史学名著尚有八表和《天文志》没有完成。汉和帝命班昭续撰。当时的大儒马融，曾经在班昭门下学习《汉书》。班昭多次被皇帝召入宫中，成为“皇后诸贵人”的老师。班昭丈夫的妹妹名叫曹丰生，据说“亦有才惠”，曾经写信就《女诫》的内容向班昭提出批评，且“辞有可观”。这是历史上少见的女子相互进行学术文化争鸣或者道德伦理辩论的故事。班昭的论著由她的儿媳丁氏整理。这位丁氏，又曾经作《大家赞》总结班昭的文化贡献。看来，在特定情形下，汉代甚至曾经出现过由才具杰出的女性组成的文化群体。

5. 太学“清议”与“党人”的风采

东汉后期，官僚士大夫中形成了以品评人物为基本形式的政治批评的风气，称为“清议”。太学成为“清议”的舆论中心。太学“清议”，是中国古代社会舆论影响政治生活的较早的史例。当时太学生的议政运动，使黑暗的政治势力被迫有所收敛。所谓“豪俊之夫，屈于鄙生之议”（《后汉书·儒林列传下》），“自公卿以下，莫不畏其贬议”（《后汉书·党锢列传》）的情形，表现出一定的历史进步意义。太学生还组织过几次集会请愿，营救受迫害的正直官员。

其实早在西汉时期，已经发生过太学生请愿运动。

吕思勉写道:“今世学校，有所谓风潮者，汉世即已有之。”(《秦汉史》，上海古籍出版社 1983 年版，第 719 页）汉哀帝执政时，司隶校尉鲍宣因反对丞相孔光，被投入狱。博士弟子济南人王咸在太学高举幡旗，说：愿意营救鲍司隶的在幡旗下集合。一时积聚了太学诸生 1000 多人。他们在上朝的日子拦截丞相孔光的车辆，同时在皇宫门口集会上书。汉哀帝于是不得不减轻鲍宣的刑罚。太学生们意气风发，思想较为活跃，言行较为激进，又以尚未跻身于官场的身份，和民间有较多的接触，对于弊政的危害，也有较为直接的感受。社会矛盾的激化，使他们受到深刻的思想震动，认识到汉王朝面临的严重危机。他们所接受的儒学教育，其中民本思想的积极因素也对他们的观念倾向产生了一定的影响。太学生激进的言行表现了他们作为执政集团的后备力量在进入官场之前即主动参与政治活动的社会责任心。

太学“清议”在攻击腐败朝政的同时，注重赞美敢于对抗权贵罪恶的士人。受到赞誉的正直士大夫因政治倾向的一致，当时被称为“党人”。朝廷因迫害“党人”而发起的政治运动，当时被称作“党事”。对“党人”的迫害，有禁止出任官职并限制其活动的形式，时称“党锢”，也称作“党禁”。朝廷大规模逮捕“党人”时，李膺正在故乡隐居，乡人得知消息，劝他暂时逃避。李膺回答道：“事不辞难，罪不逃刑，臣之节也。”他拒绝出逃，终于死于狱中。侍御史景毅的儿子景顾为李膺门徒，因“党人”名单遗漏，所以没有直接受到迫害。景毅慨然说道：正是因为李膺贤良，才令儿子以他为师的，怎么能够因为名籍偶然漏脱而求苟安呢！于是主动上表免归，时人皆以为义。范滂在大诛“党人”之际，姓名列于诏书。督邮吴导至县传舍，抱诏书，伏床而泣。范滂知道后说：“一定是为我的缘故。”于是自诣狱。县令郭揖大惊，自解印绶，说：天下如此之大，子何为在此？愿意和他一同逃亡。范滂说：“我死则此祸可以了结，怎么能够牵累你，又让老母颠沛流亡呢？”范滂的母亲在告别时说：你现在得以与李膺等齐名，死亦何恨！路边人看到这一情景，没有不流泪的。范滂被处死时，年仅 33 岁。

史学家范晔曾经就党锢之祸发表感叹：“党人”宣传

正义的主张，影响民间的风习，赞颂“素行”以鄙弃“威权”，崇美“廉尚”以撼动“贵势”，从而使天下之士奋迅感慨，形成向黑暗政治抗争的潮流，深牢监禁，家族破败，都不能动摇其志向，甚至于“子伏其死而母欢其义”，这是何等的壮勇啊！（《后汉书·党锢列传》）“党人”的正义追求、无私情操、斗争意志和坚定气节，代表着一种进步的时代精神。“党人”，就是鲁迅所说的“埋头苦干的人”，“拼命硬干的人”，“为民请命的人”，“舍身求法的人”，“虽是等于为帝王将相作家谱的所谓‘正史’，也往往掩不住他们的光耀，这就是中国的脊梁”。（《且介亭杂文·中国人失掉自信心了吗》）“党人”的精神，体现出汉代文化风格的历史光荣。

秋风楼感怀

临河汾河交汇之处的秋风楼，是后人为纪念汉武帝著名歌诗《秋风辞》而修筑的。

毛泽东诗词名作《沁园春·雪》有“惜秦皇汉武，略输文采”文句。汉武帝英雄一生，最终得“武”字谥号，自然是因为在战略策划和军事指挥方面功业显赫，正如清代学者赵翼的评价：“帝之雄才大略，正在武功。”（《廿二史札记》卷二“汉书武帝纪赞不言武功”条）然而，班固在《汉书》卷六《武帝纪》最后的赞语中，却全面宣扬他在文治方面的突出成就。

1.“号令文章，焕焉可述”

班固写道：“汉承百王之弊，高祖拨乱反正，文景务在养民，至于稽古礼文之事，犹多阙焉。孝武初立，卓然罢黜百家，表章六经。遂畴咨海内，举其俊茂，与之立功。兴太学，修郊祀，改正朔，定历数，协音律，作诗乐，建封禅，礼百神，绍周后，号令文章，焕焉可述。后嗣得遵洪业，而有三代之风。如武帝之雄材大略，不改文景之恭俭以济斯民，虽《诗》《书》所称，何有加焉！”他说，西汉王朝承接前世落后残破的历史遗存，汉高祖刘邦拨乱反正，汉文帝和汉景帝推行与民休息的政策，致力于社会经济的恢复，然而完全顾不上投入太多精力从事文化建设。汉武帝刚刚即位，就罢黜诸子百家杂说，推奖《易》《诗》《书》《春秋》《礼》《乐》等儒学经典。大力聚集海内人才，举用俊杰之士，和他们一同建立伟大功业。兴办太学，改定正朔，修正历法，调和音律，创作诗乐，施行封禅，礼拜百神，使先王的文化统绪得以承继，其号令文章，焕然而多彩。后世子孙遵行这一方向，有三代之风。如汉武帝这般雄才大略，如果不变更汉文帝、汉景帝谦恭简朴的作风，一心为民众谋求利益，那么，以《诗》《书》中的赞词和颂歌来表彰他，也并不过分啊！

班固在《汉书》卷六《武帝纪》最后的赞语中称颂汉武帝“雄材大略”。《汉纪》卷六《孝武皇帝纪》写作“雄才大略”。《文选》卷一〇潘安仁《西征赋》李善注引班固《汉书》赞曰也作“雄才大略”,《后汉书》卷七九上《儒林列传上·孔僖》李贤注也引作“雄才大略”。

班固高度称赞汉武帝的“雄才大略”，但是批评他没有继承“文景之恭俭”的风格。对于汉武帝的武功，除了“举其俊茂，与之立功”句中的“立功”二字可以理解为一种隐约的暗示以外，似乎不愿评价。按照赵翼的说法，“是专赞武帝之文事，而武功则不置一词”。(《廿二史札记》卷二“汉书武帝纪赞不言武功”条)

我们看到，汉武帝不仅在文化建设方面有特别显著的功绩，他本人的文学作品，历代也多有学者加以赞扬。汉武帝的“文采”，在历代帝王群中其实并不“略输”其他人物。

赵翼《廿二史札记》卷四有“汉帝多自作诏”一条，其中说道“汉诏最可观，至今犹诵述。”汉代文辞“可观”，古今“诵述”的诏书中，有的是“天子自作”。他举的第一个实例，就是汉武帝。这或许也是班固所说“号令文章，焕焉可述”的重要表现之一。《文选》中列有多种文体的作品，其中“诏”一类只收录了两篇，作者都是汉武帝。此外，汉武帝晚年“深陈既往之悔”，沉痛检讨自己政治过失的著名的《轮台诏》，显然也是绝不可能由别人代笔的。

淮南王刘安是汉武帝叔父辈的长者，酷爱读书奏琴，有特别的艺术专好。他不喜欢到野外游猎以及竞赛犬马足力的贵族游戏。他组织宾客方术之士数千人，著书《淮南鸿烈》。这部后世称作《淮南子》的名著，可以与《史记》并列，称作汉武帝时代文化成就的两座高峰。当时汉武帝醉心于文学艺术，对于刘安的博学好文多艺，从内心予以尊重。汉武帝每次回复刘安的上书，以及致信他的时候，都召司马相如等文士帮助润色草稿，吸收他们的意见，修改定稿之后方才慎重发出。起初刘安入朝，献上《淮南鸿烈》的内篇，汉武帝予以珍藏，又请他为《离骚》作注解。刘安又向汉武帝献上《颂德》和《长安都国颂》。据《汉书》卷三〇《艺文志》著录，刘安的赋作多达 82 篇。每次宴会，汉武帝和刘安谈论各种学术作品以及赋颂的创作和欣赏，经常到晚上才能结束。许多人都只知道汉武帝和刘安是激烈角逐最高政治权力的对手，却不了解他们也曾经是有共同爱好的文学至交。

汉武帝对司马相如赋作的倾心欣赏，见于《史记》卷一一七《司马相如列传》的记载："蜀人杨得意为狗监，侍上。上读《子虚赋》而善之，曰：'朕独不得与此人同时哉！'得意曰：'臣邑人司马相如自言为此赋。'上惊，乃召问相如。相如曰：'有是。然此乃诸侯之事，未足观也。请为天子游猎赋，赋成奏之。'上许，令尚书给笔札。相如以'子虚'，虚言也，为楚称；'乌有先生'者，乌有此事也，为齐难；'无是公'者，无是人也，明天子之义。故空藉此三人为辞，以推天子诸侯之苑囿。其卒章归之于节俭，因以风谏。奏之天子，天子大说。"汉武帝"读《子虚赋》而善之，曰：'朕独不得与此人同时哉！'"与秦始皇读韩非论著情节相似。《史记》卷六三《老子韩非列传》有这样的记载："人或传其书至秦。秦王见《孤愤》《五蠹》之书，曰：'嗟乎，寡人得见此人与之游，死不恨矣！'李斯曰：'此韩非之所著书也。'秦因急攻韩。韩王始不用非，及急，乃遣非使秦。秦王悦之……"

2.“上所自造赋”

《汉书》卷三〇《艺文志》关于赋作的记录中，有“上所自造赋二篇”。唐代学者颜师古以为这里所标示的“上”，就是汉武帝。宋代学者王应麟《汉艺文志考证》卷八写道：汉武帝的作品，“《外戚传》有《伤悼李夫人赋》，《文选》有《秋风辞》，《沟洫志》有《瓠子之歌》二章”。清代学者沈钦韩指出，《艺文志》所说汉武帝自己创作的两篇赋，就是《伤悼李夫人赋》和《秋风辞》。应当注意到，东汉时期成书的《汉书》著录汉武帝所作赋，面对的已经是前代作品，和清代人说乾隆帝诗作不同，不必怀疑记录者心存谀美之心。

汉武帝还有其他精彩的赋作。《汉书》卷九七上《外戚传上·孝武李夫人》记载，汉武帝思念李夫人，有方士以方术招其神魂，汉武帝只能遥望，更加相思悲感，于是吟叹著名的诗句：“是邪，非邪？立而望之，偏何姗姗其来迟！”鲁迅《汉文学史纲要》就这一作品曾经有所评价：“随事兴咏，节促意长，殆即所谓新声变曲者也。”宋代学者叶适《习学记言》卷二三《前汉书列传》则将这篇“汉武伤李夫人诗词”和李延年《佳人》歌以及司马相如辞赋等归入一类，提出比较严厉的批评，并且以“孔子曰‘吾未见好德如好色者也’”相指责。这种对待真实情感的不同态度，其实体现了不同历史阶段时代精神的强烈反差。

《隋书》卷三五《经籍志四》著录“《汉武帝集》一卷”，《旧唐书》卷四七《经籍志下》和《新唐书》卷六〇《艺文志四》著录“《汉武帝集》二卷”，更是历经了六七百年时代检验仍然得以保留的文化遗存，当然有值得肯定的价值。

自先秦至两汉的诸多帝王中，只有汉武帝一人享有这样的光荣。

3.《秋风辞》

《文选》卷四五收录了署名“汉武帝”的作品《秋风辞》：“上行幸河东，祠后土。顾视帝京，忻然中流，与群臣饮燕。上欢甚，乃自作《秋风辞》曰：秋风起兮白云飞，草木黄落兮雁南归。兰有秀兮菊有芳，携佳人兮不能忘。泛楼船兮济汾河，横中流兮扬素波。箫鼓鸣兮发棹歌，欢乐极兮哀情多。少壮几时兮奈老何！”其中“携佳人兮不能忘”，往往又写作“怀佳人兮不能忘”。

“欢乐极兮哀情多”“少壮几时兮奈老何”等句，富有深意。《秋风辞》字句之中楚风饱满，因此有人说“汉武帝《秋风辞》足迹骚人”（《渔洋诗话》卷下）。也有人批评：“汉武帝《秋风词》尽蹈袭楚辞，未甚敷畅。”（《诗人玉屑》卷一三）然而其艺术感染力之强，是明白无疑的。唐代诗人李贺《金铜仙人辞汉歌》说：“魏明帝青龙元年八月，诏宫官牵车，西取汉孝武捧露盘仙人，欲立置前殿。宫官既拆盘，仙人临载，乃潸然泪下。唐诸王孙李长吉遂作《金铜仙人辞汉歌》。”诗的第一句即“茂陵刘郎秋风客”，“秋风客”成为汉武帝的代号，正是因为《秋风辞》的缘故。苏轼《过莱州雪后望三山》诗“茂陵秋风客，劝尔麾一杯；帝乡不可期，楚些招归来”句，《安期生》诗“茂陵秋风客，望祀犹蚁蜂；海上如瓜枣，可闻不可逢”句，也是同样的例证。清人王士禛《池北偶谈》卷一一“飞廉馆瓦”条说到元人王恽用汉飞廉馆瓦当制作的砚台写诗，也称汉武帝为“秋风客”：“元王文定恽《秋涧集》有《飞廉馆瓦砚歌》，略云‘刘郎杳杳秋风客，神鸟冥飞忆初格。豹章爵首尾蟠蛇，建章千门风洌洌’云云。”汉武帝得“秋风客”文名，当然是由于《秋风辞》的文学成功。

元代学者刘诜《桂隐文集》卷二《夏道存诗序》写道：“诗之为体”，从《诗经》之后，自李陵、苏武《送别河梁》至无名氏《十九首》、曹魏六朝、唐代韦庄和柳宗元为一家，称为“古体”。自汉《柏梁》《秋风词》逐渐演进到唐代李白和杜甫为一家，称为“歌行”。又说：“古体非笔力遒劲高峭不能，歌行非才情浩荡雄杰不能。”这种说法，肯定了汉武帝诗作表现的“才情浩荡雄杰”，也指出了这些作品作为“歌行”一体之起源的地位。又有人说“至汉武帝赋《柏梁》诗而七言之体具”（〔唐〕元稹：《唐故工部员外郎杜君墓系铭》），“七言起于汉武《柏梁》诗”（〔元〕吴皋：《吾吾类稿·原叙》），从另一个方面指出了汉武帝开创一种新诗体，引领文学创作新风的功绩。

丰富的历史文化信息告诉我们，汉武帝可以说是中国古代历史上一位少见的富有文采的帝王。班固评价“卓然”“焕焉”云云，是基本符合历史实际的。而毛泽东词作中所说汉武“略输文采”，则是和“今朝”的“风流人物”相比照，立场全新，视角别异，评价追求奇特，也是因为作者站立在新时代的文化高地上。

4.“泛楼船兮济汾河”

汉武帝“行幸河东”，是一次非常重要的出巡。《晋书》卷二五《舆服志》说：“世宗挺英雄之略，总文景之资，扬霓拂翳，皮轩记鼓，横汾河而祠后土，登甘泉而祭昊天，奉常献仪，谓之大驾，车千乘而骑万匹。”以为“横汾河而祠后土”是这位“雄才大略”的帝王“英雄”政绩的标志性纪念。

《后汉书》卷六〇上《马融传》载录《广成颂》关于水上航行的文句：“方余皇，连舼舟，张云帆，施霓帱，靡飔风，陵迅流，发棹歌，纵水讴，淫鱼出，蓍蔡浮，湘灵下，汉女游。”其中“发棹歌”，沿袭汉武帝《秋风辞》文句。李贤注：“武帝《秋风词》曰：‘萧鼓鸣兮发棹歌。’”

《秋风辞》还写道:“泛楼船兮济汾河,横中流兮扬素波。”其文句显现的生态史信息,今人面对枯瘦的汾水已经难以理解。竺可桢发表于1972年的著作《中国近五千年来气候变迁的初步研究》,修正了“秦汉时代黄河流域气候与今相似”的观点。他指出:“在战国时期,气候比现在温暖得多。”“到了秦朝和前汉(公元前221—公元25)气候继续温和。”“司马迁时亚热带植物的北界比现时推向北方。”“到东汉时代即公元之初,我国天气有趋于寒冷的趋势,有四次冬天严寒,晚春国都洛阳还降霜降雪,冻死不少穷苦人民。”(《竺可桢文集》,科学出版社1979年版,第495页)我们现在看,不仅“汾河”不能“泛楼船”,黄河干流的水文状态也难以承负大型舟航。汉武帝时代气候条件较现今温暖湿润。东汉以来气候转而干冷(王子今:《秦汉时期气候变迁的历史学考察》,《历史研究》1995年2期)。黄河和汾河水势的历史变化,原因比较复杂。除了气候变迁的因素外,经济的发展以及人为的负面作用,也是水资源形势恶化的重要原因。

霸陵“薄葬”问题与景帝的“孝”与“不孝”

西安江村大墓被确认为汉文帝霸陵，是考古学界经过多年考察得到的认识。汉文帝“薄葬”问题再次成为社会关注的热点。文景“恭俭”的文化形象与“文景之治”的历史声誉，又为世人普遍关心。对相关史迹的有些认识逐步得以澄清，而仍然有若干疑问有必要在新的学术基点上有所说明。

1. 汉文帝的“节俭”生活和“薄葬”决心

《史记·平津侯主父列传》附汉平帝元始年间“太皇太后诏”，说“盖闻治国之道，富民为始，富民之要，在于节俭”。这虽然是后人附录于《史记》的文字，却是符合司马迁的政治理念的。司马迁评价汉文帝，以为自“汉兴”以来，“德至盛也”，“呜呼，岂不仁哉！”除了“胜残去杀”“谦让”等表现之外，最为人称道的就是“节俭”。《史记·孝文本纪》写道:“孝文帝从代来，即位二十三年，宫室苑囿狗马服御无所增益，有不便，辄弛以利民。尝欲作露台，召匠计之，直百金。上曰:‘百金中民十家之产，吾奉先帝宫室，常恐羞之，何以台为！’上常衣绨衣，所幸慎夫人，令衣不得曳地，帏帐不得文绣，以示敦朴，为天下先。”

对于汉文帝的“节俭”，有人质疑。宋人方勺《泊宅编》卷中写道:“前史称汉文帝节俭，身衣弋绨，集上书囊为殿帷，所幸慎夫人衣不曳地。此三事以人主为之，可谓陋矣。然赐邓通以十数巨万，又以铜山与之，此又何也？”明人张燧《千百年眼》卷四“文帝奢俭之异”条沿袭此说，指出汉文帝有大“俭”之名，又有大“奢”之实。指出了其心理行为的矛盾。论者所说邓通之赐应当确实。《史记·佞幸列传》写道:“(汉文帝)赐邓通蜀严道铜山，得自铸钱，‘邓氏钱’布天下。其富如此。”邓通之“富”，如汉文帝所说“能富通者在我也”，由帝王意志所决定，却是以损害国家财富而实现的。这一情形在汉景帝时代得到纠正，“及文帝崩，景帝立，邓通免，家居”。后来有人告发“邓通盗出徼外铸钱”，于是“下吏验问，颇有之，遂竟案，尽没入邓通家，尚负责数巨万”。经济犯罪行为定案后，家产全部没收，仍然不能偿债。长公主有所资助，官吏随即没入，最终“寄死人家”。

虽然有人以邓通故事批评汉文帝“奢俭之异”，但是司马迁有关汉文帝日常生活习惯的记述，应当是真确无疑的。历朝帝王也有就“俭”进行虚伪表演者，但“露台”“绨衣”故事，应当不是伪装。特别是“薄葬”原则的坚持，是表现出了“俭”的决心的。司马迁写道：“治霸陵皆以瓦器，不得以金银铜锡为饰，不治坟，欲为省，毋烦民。”对于霸陵“薄葬”，后人的理解多止于预防盗掘层面，司马迁却肯定其“欲为省，毋烦民”。文帝有这样的认识，已经站立在较高的政治文化基点上。

2. 霸陵“薄葬”疑问

霸陵葬事“欲为省”，在丧葬史上传为千古佳话，也成为帝王节俭的典范。不过，对于霸陵是否真的全面坚持了薄葬原则，例如其中是否确实只是以陶器随葬，争议也长久存在。

《汉书·张汤传》说到“人有盗发孝文园瘗钱”一案。霸陵瘗钱被盗，距离汉文帝入葬不过40年左右。但是“此瘗钱埋墓四隅”“不在冢藏中也”，沈钦韩已经有所澄清（王先谦《汉书补注》引沈钦韩说）。此外，元人李冶《敬斋古今黈》说，应劭《风俗通义》载霸陵薄葬亦被发掘。然而梁玉绳指出：“今本《风俗通》无。”又《晋书·索綝传》记载：“时三秦人尹桓、解武等数千家，盗发汉霸、杜二陵，多获珍宝。”《晋书·愍帝纪》也记载：建兴三年（315）六月，“盗发汉霸、杜二陵及薄太后陵”。顾炎武《日知录》卷一五“厚葬”条以西晋盗墓史迹对照《史记》“皆以瓦器”之说，质疑：“史策所书，未必皆为实录也。”梁玉绳《史记志疑》卷七说：“霸陵凡三被发，《张汤传》一也，《风俗通》二也，《晋书》三也。”他说：“文帝之葬特差少于诸陵，而非真薄也。”泷川资言《史记会注考证》卷一〇也以为：“古书所言，未可悉信也。”

其实，霸陵因山为陵，“不治坟”，“毋烦民”，即没有动员大量民众从事山陵土木工程，从考古发现看，是确实的。《史记》“不治坟”，《汉书·文帝纪》作“因其山，不起坟”。当然，历史上新帝违背先帝遗诏，是十分普遍的事。霸陵随葬品的等级和数量，是否可能因入葬时情形之复杂，有与汉文帝个人意愿不尽相合的情形出现，只能等待霸陵地宫发掘方可以得到全面的信息。不过，我们应当考虑，还有一种因素也未可排除，那就是汉景帝的母亲孝文窦皇后是在汉武帝建元六年（前135）方才去世，且与汉文帝合葬霸陵的。这是一位强势的女子，一位任性的女子，也是著名的富有且讲究奢华的女子。霸陵随葬品即使确实丰富，也有窦太后在汉武帝时代入葬霸陵的因素。《史记·外戚世家》：“窦太后后孝景帝六岁崩，合葬霸陵。遗诏尽以东宫金钱财物赐长公主嫖。”可知“东宫金钱财物”当不在少数，一部分作为随葬品入葬霸陵是可能的。而“孝文园”所有被盗记录，都在这位富有且生活奢侈的老太太入葬之后。其时天下空前富足，在汉武帝已经成年的情况下，祖母逝世，不可能不厚葬。以这一思路考虑汉文帝霸陵是否薄葬之谜，可能是有益的。而且窦太后之女馆陶公主寡居，“年五十余矣，近幸董偃”。金钱恣其所用，曾经令中府："董君所发，一日金满百斤，钱满百万，帛满千匹，乃白之。"而最终"窦太主卒，与董君会葬于霸陵"(《汉书·东方朔传》)，也入葬"孝文园"。由此也可以推知在世风浮侈的影响下，后来盗掘霸陵"多获珍宝"，有可能得自陵园中其他从葬者的丰厚随葬（王子今：《霸陵薄葬辨疑》，《考古与文物》2002 年 2 期）。

3. 汉景帝：霸陵"薄葬"的执行者

汉文帝 47 岁时"崩于未央宫"。他的"遗诏"要求葬礼从简，同时宣布："霸陵山川因其故，毋有所改。"对于安葬"霸陵"的工程指挥、用工安排等都已经明确设定。所谓"霸陵山川因其故，毋有所改"是非常严正的表态。我们知道，古代丧葬规模，后人往往会从"孝"的道德要求出发，并不遵从死者的意愿，进行对既定规程的"改"。这种"改"，通常是出于维护自己完好形象的考虑，有追求厚葬的举措。

380 多年后，另一位以"文"为谥的帝王，即魏文帝曹丕的临终遗制，也有关于薄葬的明确指令。他严令薄葬必须无条件执行，若有违背，予以“吾为戮尸地下”的严厉诅咒，并发表“将不福汝”的威胁：“若违今诏，妄有所变改造施，吾为戮尸地下，戮而重戮，死而重死。臣子为蔑死君父，不忠不孝，使死者有知，将不福汝！”（《三国志·魏书·文帝纪》）

曹丕担心的“违今诏，妄有所变改造施”情形，或以为霸陵已经出现。梁玉绳《史记志疑》卷七根据霸陵被盗掘的记载写道：“若夫金玉珍宝，必景帝为之，不依文帝遗诏瓦器之制，事秘莫知，史不得录，待被发而后见。”又说，霸陵“非真薄”，“岂景帝不从遗诏之故乎？”泷川资言《史记会注考证》也推想：“岂文帝崩后，臣子违其素志邪？”

现在从已经得知确定信息的霸陵形制来看，汉景帝作为汉文帝“遗诏”的执行者，是遵循了“霸陵山川因其故，毋有所改”的要求的，并没有违诏“有所变改造施”。

4. 令狐峘论“景帝非不孝也”

《三国志·魏书·文帝纪》裴松之注引孙盛曰：“昔者

先王以孝治天下也。”汉王朝正是高调标榜“以孝治天下”的政权。《史记》记述汉家帝王“本纪”，《高祖本纪》之后，各称“孝文”“孝景”“孝武”。

但是，唐人政论，却有关于景帝“孝”与“不孝”的论说。唐德宗即位，“将厚奉元陵”，以厚葬形式敬奉唐代宗元陵。《旧唐书·令狐峘传》记载，刑部员外郎令狐峘上疏谏，申明薄葬的合理：“臣读《汉书·刘向传》，见论王者山陵之诫，良史称叹，万古芬芳。”这是为什么呢？“圣贤之心，勤俭是务，必求诸道，不作无益。”他列举了古来“圣贤”的榜样：“舜葬苍梧，不变其肆；禹葬会稽，不改其列。周武葬于毕陌，无丘陇之处；汉文葬于霸陵，因山谷之势。”他指出唐德宗以厚葬表现“孝”，是没有必要的：“禹非不忠也，启非不顺也，周公非不悌也，景帝非不孝也。其奉君亲，皆从微薄。”又指出宋文公、秦始皇厚葬遭受批评的情形。接着写道：“汉文帝霸陵皆以瓦器，不以金银为饰。由是观之，有德者葬逾薄，无德者葬逾厚，昭然可睹矣。”令狐峘“景帝非不孝也”的说法，《新唐书·令狐峘传》写作“景帝非不孝”。

令狐峘的这段话，是政论，也是史论，又见于《唐会要》卷二〇、《册府元龟》卷五五二《词臣部》、《全唐文》卷三九四、明严衍撰《资治通鉴补》卷二二五、明黄淮编《历代名臣奏议》卷一二四、明邵经邦撰《弘简录》卷三三、清沈炳震撰《唐书合钞》卷二〇〇、清徐乾学撰《读礼通考》卷九〇，可知是长期受到高度重视的文字。

汉景帝即位后的第一道诏令，“为孝文皇帝庙为昭德之舞”。“丞相臣嘉等言：‘陛下永思孝道……’”（《史记·孝文本纪》），是高度肯定他对“孝道”的遵循的。然而从令狐峘上疏所谓“景帝非不孝也”分析，世俗舆论对于霸陵“薄葬”，可能是有景帝“不孝”的议论的。我们不必轻信“丞相臣嘉等”具有官方宣传性质的评价，但是应当注意，真正执行文帝“霸陵山川因其故，毋有所改”的遗命，才是真正的“孝”。

5.“文景之恭俭”有连贯性吗？

《汉书·武帝纪》最后以“赞曰”形式发表的对汉武帝历史表现的评价，主要肯定了这位帝王在文化建设方面的贡献。班固最后写道:“如武帝之雄材大略，不改文景之恭俭以济斯民，虽《诗》《书》所称，何有加焉！”说汉武帝如果继承“文景之恭俭”，则可以比列《诗》《书》所称颂的圣王。所谓“文景之恭俭”，似乎是说汉文帝与汉景帝执政期间的基本政策是有连贯性的。班固在《汉书·叙传下》说汉景帝诸子“景十三王，承文之庆”，颜师古注:“言景帝庸主耳，所以子孙得王者，由文帝之德庆流子孙也。”其实，从“恭俭”视角思考“景帝庸主”能否真的“承文”，还是有疑问的。

汉文帝之所以能够被周勃、陈平等老臣择定为帝位继承人，在于“仁孝宽厚”。其性格生成，与“太后家薄氏谨良”有关(《史记·吕太后本纪》)。而汉景帝刘启九岁被立为太子，当时请立者虽称其“纯厚慈仁”(《史记·孝文本纪》)，但是观察其品性，似乎在“恭”这一方面，未能继承汉文帝品性。晁错任为太子舍人，“以其辩得幸太子，太子家号曰‘智囊’”。(《史记·袁盎晁错列传》)晁错上书说到“皇太子”“读书”存在的问题:“皇太子所读书多矣，而未深知术数者，不问书说也。”“臣窃观皇太子材智高奇，驭射伎艺过人绝远，然于术数未有所守者，以陛下为心也。窃愿陛下幸择圣人之术可用今世者，以赐皇太子，因时使太子陈明于前。”（《汉书·晁错传》）所谓“材智高奇，驭射伎艺过人绝远”，体现出少年汉景帝智能超群，性格亦可能放任自纵。《史记·吴王濞列传》记述了两位未成年人“皇太子”和“吴太子”的生死博局：“孝文时，吴太子入见，得侍皇太子饮博。吴太子师傅皆楚人，轻悍，又素骄，博，争道，不恭，皇太子引博局提吴太子，杀之。”虽然《史记》记述对方“轻悍，又素骄，博，争道，不恭”，而刘启的表现，也是难以称作“恭”的。

至于“恭俭”的“俭”，汉景帝自幼应当受到汉文帝“躬修俭节”（《汉书·食货志上》）消费生活风格的影响。但是有些迹象表明，他的表现正如晁错所说，未能“以陛下为心”，即遵循汉文帝的理念。贾谊著名的《陈政事疏》，亦称《治安策》中强调了“太子”教育的重要。其中特别申明“贵礼义”的原则，竟然以秦二世教训为诫，或许他已经发现了问题（《汉书·贾谊传》）。以“俭”为尺度比较汉文帝霸陵与汉景帝阳陵，可以发现景帝确实未能“承文”。

6. 霸陵与阳陵比较

汉景帝即位初，制诏御史，“立昭德之舞以明孝文皇帝之盛德”，他直接颂扬汉文帝“减嗜欲，不受献，不私其利也”，称颂其“节俭”风格，但是并没有说到霸陵“薄葬”。其实，汉文帝遗诏令丧制从简，也体现了“节俭”的传统：“其令天下吏民，令到出临三日，皆释服。毋禁取妇嫁女祠祀饮酒食肉者。自当给丧事服临者，皆无践。绖带无过三寸，毋布车及兵器，毋发民男女哭临宫殿。宫殿中当临者，皆以旦夕各十五举声，礼毕罢。非旦夕临时，禁毋得擅哭。已下，服大红十五日，小红十四日，纤七日，释服。佗不在令中者，皆以此令比率从事。布告天下，使明知朕意。”他说，自己得卒天年，又得复供养于高庙，“其奚哀悲之有！”面对死亡，表现出罕见的清醒与开明。

汉景帝阳陵的营造，规模和形制已经远远超过了霸陵。虽然霸陵的考古调查和发掘工作启动较晚，两者的全面比较，条件尚不充备。然而就现在掌握的资料看，陵园的面积、门阙的等级、外藏坑的容量、陪葬贵族墓的数量和规模，阳陵都显得更为豪奢。还有必要指出，阳陵外藏坑出土了作为食品的海产品遗存。研究者指出："海洋性动物螺和蛤共计 4 个种 12 个个体，是这批动物骨骼的一大显著特征。"（胡松梅、杨武站：《汉阳陵帝陵陵园外藏坑出土的动物骨骼及其意义》，《考古与文物》2010 年 5 期）西汉文献记录提示我们，蛤的食用与神仙追求的关系是当时海上方术文化关注的内容。汉景帝的食物构成在当时保鲜技术条件下对交通运输的要求，与阳陵主人即位之初诏书中颂扬汉文帝之所谓"减嗜欲，不受献"，无疑形成了鲜明的对照。

秦汉社会的海洋视界

就《诗·商颂·长发》所谓“相土烈烈，海外有截”，顾颉刚等学者指出：“这证明了东方的商国（宋国）人把‘海外有截’看作不世的盛业。”（顾颉刚、童书业：《汉代以前中国人的世界观与域外交通的故事》，《禹贡半月刊》第五卷第三、四合期，1936年4月）华夏民族先民很早就将海洋作为探索和开发的对象。《山海经》自古号称“奇书”，或说“吾国古籍，瑰伟瑰奇之最者，莫《山海经》若”。（袁珂：《山海经校注序》，袁珂校注：《山海经校注》，上海古籍出版社1980年版）《山海经》共十八卷，“分《山经》（五卷）和《海经》（十三卷）两大类，其中《海经》部分最有价值”。（《山海经校注》出版说明）它是有关海的早期知识的全面集合，成为海洋学史的纪念性文献。大致战国以来，“天下”“四海”与“天下”“海内”的文化地理意识，表现了当时社会对统一的共同追求以及对海洋的空前重视。

秦汉大一统政治格局形成之后，海洋文化和内陆文化逐渐融为一体。秦汉社会对海洋的观察和理解，开启了新的宽广视界。

1. 秦汉文化的“海洋”元素

对漫长的海岸的控制是中国古代最高执政机构面临的行政任务之一。秦始皇四次巡行海上以及南海置郡有重要的文化战略意义。出于不同目的的航海行为，体现了中原居民面向海洋的积极进取。南洋航路以“杂缯”为贸易主体，说明后世称为丝绸之路的海上航线可能已开通。通达“倭”地的东洋航路，因徐市东渡故事与求仙实践的关系被渲染了神秘色彩。这一时期，海洋资源的开发实现了新的历史进步，早期海洋学也形成了初步的学术积累。内地社会对海洋有了空前的关注，中原士人有关“海”的诗赋创作以及出身滨海的人士对主流文化的积极参与，都形成了新的文化风貌。秦汉社会的文化风格，在英雄主义、进取精神、开放胸怀、科学理念等方面体现出积极的时代特色。这些特点，在“海洋文化”这一历史文化主题下均有表现。

海洋，在秦汉社会意识中，是神仙世界、财富资源，也是交通条件、进取路径，同时又是未知空间、神秘世界。海洋是时常发生奇异气象的仙居，同时也是往往显现艰难情境的险境。海，是国家权力实现行政效能的极端边缘，在一定条件下，也是社会生机蓬勃发育的优胜场域。

海上航运的发达，海外联系的拓展，海路文化交流的繁荣，都是秦汉历史文化具有时代特色的最突出的现象。承陈寅恪提示，“滨海地域”自有特殊的“观念”和“信仰”，在有的历史时期曾经全面影响社会政治格局。[《天师道与滨海地域之关系》，《金明馆丛稿初编》(《陈寅恪文集》之二]，上海古籍出版社1980年版，第1页至第40页）滨海文化区的早期形成，也是值得重视的历史景观。回顾中国古代海洋探索史、海洋开发史和海洋学史，有必要总结和说明秦汉时期的突出进步。

2. 秦汉海洋文化研究

秦汉时期与海洋相关的历史文化现象，是秦汉史研究值得特别关注的重要主题。涉及这一学术主题的前期研究成果，包括对秦始皇和汉武帝出巡海滨、“燕齐海上方士”活动、秦汉沿海区域行政、秦汉滨海文化、秦汉“并海”交通、秦汉海盐生产、秦汉东洋航运与南洋航运、秦汉海洋渔业、汉代“楼船军”战事等方面的研究心得。对于秦汉时期海洋资源的开发、海上航路的通行、海路贸易的往来等，海内外学界的研究论著有一定数量，也有一定深度，但是对当时的海洋探索、海洋开发，对当时社会的海洋意识，对这一历史阶段涉及海洋的文化面貌的总体论说，尚未有学术专著问世。“秦汉时期的海洋探索与早期海洋学研究”课题结项鉴定等级为优秀。最终成果《秦汉海洋文化研究》已经由北京师范大学出版社出版，入选2020年度“国家哲学社会科学成果文库”，可以看作这一学术方向的新成果。

如下学术专题的考察是有积极的学术意义的：秦汉

海洋资源开发、秦汉海洋航运、秦汉沿海区域文化、“海”与秦汉人的世界知识、“海”与秦汉人的神秘信仰、秦汉早期海洋学、秦汉军事史的海上篇章、秦汉社会的海洋情结等。

重视史籍文献与考古资料的结合，是历史文化考察的正确路径。“秦汉时期的海洋探索与早期海洋学研究”对此有所重视。科学考古的发掘收获，出土文字资料如简帛、封泥等，理所当然地为研究者采用。“海洋渔业”部分有关“海上渔捕方式”的讨论，“海洋盐业”部分有关“齐国盐业与盐政的考古学考察”的讨论，“东洋航运”题下有关“‘汉委奴国王’金印”的讨论，“南洋航运”题下有关“汉代南洋航运的考古学实证”的讨论，“越人航海传统与闽越航运优势”一节有关“城村城址水门发现”的讨论，“秦始皇陵‘水银为海’的象征意义”一节有关“秦始皇陵地宫设计构想的海洋因子”的讨论，以传世文献和考古资料结合进行的考察都促成了新识的推出。秦封泥“晦池”“每池”的研究，丰富了我们对秦汉宫苑“海池”“渐台”的认识，居延汉简所见“临淮海贼”提示了

“汉代的‘海贼’”对行政史的深刻影响，居延汉简“鲍鱼”简文增进了对当时海洋渔产的理解。《肥致碑》所见“海上黄渊”有助于说明“东海黄公”传说的社会文化背景。汉景帝阳陵外藏坑出土“海相的螺和蛤”等海产品遗存，透露了汉王朝上层在消费生活层面与海洋的关联。有关文化迹象或许也体现了神仙信仰和长生追求对于社会意识的作用。

3. 以海洋为场域的文化探索、经济开发与行政控制

战国秦汉所谓“燕齐海上方士”以及经营海洋渔业的“海人”，是海洋探索的先行者。秦汉时期还有“齐客”“海贼”“习船者”，以及“善网捕”“倭人”等与海洋密切相关的社会身份。就此进行分析，可以充实对于秦汉社会的认识。

秦汉史籍文献有关于“海溢”“海风波”“鲸鱼死”等海洋自然现象的记载。有关海洋水文学、海洋气象学、海洋生物学的相关记录，在海洋学史发展进程中有重要

意义。

有关“入海市明珠”贸易行为，“蛮夷贾船”远洋航运，“海租”“海税”的行政征收，“珠官”的产销管理等经济史料的遗存，研究的必要性也是显而易见的。

秦始皇“立石东海上”，“以为秦东门”；刘邦担心田横“为乱”，“设屯备”；汉景帝削藩，“削之会稽”，“夺之东海”；汉武帝“事两越”，以楼船军击朝鲜；汉光武帝对西域战略取保守态度，东南方向则派遣马援远征交阯、九真等，都是基于高层决策的“海上”政治行为。分析海洋与政治史的关系，可以深化对秦汉政治文化的理解。通过秦汉社会的政治意识和海洋意识在政策设计与行政实践层面的交结，或许能够更真切地说明秦汉文化的时代风格。

4. 世界史背景的秦汉海洋文化观察

所谓秦汉海洋文化，其实是说面向海洋的秦汉文化。这一学术主题的内涵其实非常丰富。分析并说明相关文化现象，指出其发生的背景条件、社会表现、历史影响和文化意义，还有相当广阔的探索空间。不同于以希腊罗马为代表的西方海洋文明，中国文明究竟是陆地文明还是内陆文明，可能有必要区分历史时段予以深入理解和准确说明。对于海洋文明、海洋文化与内陆文明、内陆文化的分析，也需要进行注重时代条件的认真的考察研究。《秦汉海洋文化研究》应当说只是进行了初步的工作。继续考察秦汉文化与海洋相关的内容并予以更深学术层次的总结和说明，对于认识中国古代海洋探索和海洋开发之历程的总体倾向的判断，是有积极意义的。对于现今涉及海洋的诸多问题的解决，也可以提供有启示意义的历史借鉴。完成这一学术任务的必要性和可能性，自有确定的认识基点。

近年来，关于海疆问题、海权问题以及海洋资源开发问题受到普遍关注。《秦汉海洋文化研究》初步考察并大略总结了秦汉时期海洋探索的努力以及早期海洋学成就，在一定意义上实现了学术推进。作为第一部研究秦汉时期与海洋相关的历史文化问题的学术专著，应当有填补学术空白的意义。对于中国古代海洋史研究的学术进步，秦汉时期这一重要历史阶段的考察意义非常重要。《秦汉海洋文化研究》提供的研究收获，应当有值得肯定的作用。但是,《秦汉海洋文化研究》的若干研究收获依然多有不足。严格说来，学术发现比较零散，学术层次尚在初级阶段，学术总结也是局部的、不完整的。有些方面完全可以扩展、突破，开创新的方向，拓宽新的学术空间。例如秦汉时期海上丝绸之路研究，就有很好的学术前景。可以乐观预期，新出的考古资料将不断揭示新的历史文化信息，进一步的研究一定会获得更优异的条件，取得更丰硕的成果。

约翰·迈克的《海洋——一部文化史》引用了这样的诗句:“海洋即历史。”他写道:“大海可能早已发展为全球性的跨国空间。”他还引导读者一起欣赏另一首诗《海浪》:“大海 / 不是一个地方 / 是一个事实 / 一个谜。”他提出了这样一个文化命题:“书写大海‘历史’的可能性。”（[英]约翰·迈克著，冯延群、陈淑英译:《海洋——一部文化史》，上海译文出版社 2018 年版，第 7 页、第 10 页）我们现在思考这个问题，或者考虑仅仅是“书写大海”与人的关系的“历史”的“可能性”，“书写大海”与中国人的关系，与中国文化的“历史”的“可能性”，大概都是难以回答的，或者只能提交缺乏充分自信的答卷。但是这一工作的意义非常重要。也许，通过持续的认真的考察，我们可以逐步说明，在世界史的视域中，海洋不仅在地中海世界及其他地方较早发挥了重要的交通条件的作用，在东方，也有类似的历史迹象。也许通过以中国史进程为主要视野的海上丝绸之路的考察研究，也可以得到这样的认识：“大海可能早已发展为全球性的跨国空间。”

两汉如何防范选官腐败

自秦代统一的高度集权的政治格局形成之后，汉王朝执政者继承了这一体制并有所创新，有所完善。两汉选官制度具有历史意义的更新，提高了执政效能和管理质量。对于同时产生的以腐败为主要表现形式的弊病，也通过政治引导、道德教育、法律约束和舆论评议有所防范，有所纠治。

1. “察举”：兼重德才的选官形式

中国古代选官制度的演变，大体可以理解为“世官制”“察举制”“科举制”三种形式的递进。“世官制”也就是世袭官职的制度，在汉初依然施行。《史记》卷三〇《平准书》说：汉初社会安定，“为吏者长子孙，居官者以为姓号”，裴骃《集解》引如淳曰：“仓氏、庾氏是也。”管理仓储的官员以“仓”“庾”为姓号，就反映了“世官制”的传统。汉文帝时，已经有从社会基层选用“贤良”“孝廉”的做法，指令中央官吏和地方官吏从社会下层推荐从政人员。名臣晁错就是曾经以“贤良文学”之选，又经帝王亲自策试，得以升迁为中大夫的。所谓“贤良文学”，强调道德和才能的标准。不过，当时这种选官形式还没有成为完备的制度。汉武帝在即位之初，就诏令中央和地方的主要行政长官“举贤良方正直言极谏之士”。六年之后，又下诏策试贤良。同时明确规定了郡国必须选举的人数。正是在汉武帝时代，“察举制”得以基本成为正统的政制。这一历史进步的意义十分重大。有的学者曾经指出，汉武帝“初令郡国举孝廉各一人”的元光元年（前 134），是“中国学术史和中国政治史的最可纪念的一年”（劳榦：《汉代察举制度考》，《“中央研究院”历史语言研究所集刊》第 17 本）。

察举作为新的选官体制看重德能，避免其他因素影响官员任用。这对于防止选官腐败是有效的。有的规定，如“令试之以职，乃得充选”（《后汉书》卷四《和帝纪》），李贤注引《汉官仪》称之为“务实校试以职”。“吏职满岁，宰府州郡乃得辟举”(《后汉书》卷六一《左雄传》)，即在行政岗位上实践一年，才可以向上级推举。这种德行人品和工作能力确定考察时限的要求，也有积极的意义。

2. 监察 · 举劾 · 弹治：行政处罚方式

秦代已经设计了初步的监察制度，郡级行政单位设“监御史”之职，中央则有御史大夫“举劾按章”，主管监察。汉代又有更为完备的监察体制。御史大夫下辖侍御史十五人，“侍御史有绣衣直指，出讨奸猾，治大狱，武帝所制，不常置”。(《汉书》卷一九上《百官公卿表上》)汉武帝时曾经根据具体需要特设“直指绣衣使者”作为皇帝特派专史，主管贵族高官的监察。汉元帝时，曾经有“诏丞相、御史举质朴敦厚逊让有行者，光禄岁以此科第郎、从官”的做法(《汉书》卷九《元帝纪》)，按照唐代学者颜师古的解释：“始令丞相、御史举此四科人以擢用之。而见在郎及从官，又令光禄每岁依此科考校，定其第高下，用知其人贤否也。”所谓“考校”，与现今“考察”“考核”语义接近。看来，选用官员和考察官员，曾经完全以道德水准为标尺，体现了对于选官制度予以健全完善的一个行政侧面。

监察官“禁察逾侈”，即惩罚违反制度的“贵戚近臣”，查处究办称作“举劾”，最终处分虽然要“奏请”皇帝，但是这些特使有很大的权力。(《汉书》卷四五《江充传》) 一般官员也可以相互揭发举报，史称“弹治”。(《汉书》卷七六《张敞传》) 对于犯罪官员应当举劾而“阿纵”“不举劾”，或者说“阿从不举劾”的，也要受到处罚，严重者甚至同坐。(《汉书》卷七五《眭弘传》,《汉书》卷八九《黄霸传》)《晋书》卷三〇《刑法志》说:“汉承秦制，萧何定律，除参夷连坐之罪，增部主见知之条。”由这一原则可知，官员犯罪，主管负责的上级都是要承担连带责任的。

选官程序中，荐举候选人才者，如果其推选对象渎职犯罪，荐举者也要承担罪责。安作璋著《秦汉官吏法研究》指出:“汉代从武帝起，建立了一套完备的选官制度，选举成为做官的主要途径。为了保证选举的质量，‘选举不实’罪也发展起来。”如富平侯张勃举张汤“茂才”，而张汤因“父死不奔丧”被举奏，“下狱”，张勃也因“举不以实，坐削户二百”。胡广“为济阴太守，以举吏不实免”。“说明在并非故意的情况下，选举不实仅削户、免职而已。如属故意，则要给予刑事处分”，具体实例有“山阳侯张当居坐为太常择弟子故不以实”受到“完为城旦”的处罚。又有戴涉因举荐的人“盗金”而“下狱”。(《秦汉官吏法研究》，齐鲁书社 1993 年版，第 269 页至第 270 页)

汉明帝刚刚即位，就颁布诏书宣布：“今选举不实，邪佞未去，权门请托，残吏放手，百姓愁怨，情无告诉。有司明奏罪名，并正举者。”指出了选官方式的严重问题，“邪佞”“残吏”当权，以致下民愁苦，无从申诉，全在于“选举不实”，于是要求主管部门“明奏罪名”，予以惩处，重申“举者”也必须同样严厉责罚。所谓“并正举者”，唐代学者李贤注的解释是“举非其人，并正举主之罪”。《后汉书》卷二《明帝纪》还记载：有官员因“辟召非其人”，“遂策免之”。对于选官程序中发现的“举非其人”的问题，“举者”即推荐者必须承担责任，这已经成为汉代制度。《后汉书》卷四《和帝纪》载录了这样一道诏书，说“选举良才，为政之本”，“而郡国举吏，不加简择”，相关制度，未能真正推行，“宣布以来，出入九年，二千石曾不承奉，恣心从好，司隶、刺史讫无纠察”。于是宣布“后有犯者，显明其罚”。当时执政集团上层已经发现，政治危局的出现，与选官腐败相关，“在位不以选举为忧，督察不以发觉为负，非独州郡也。是以庶官多非其人”，致使“下民被奸邪之伤”。李贤注引《汉官仪》说：汉章帝曾经明确了选官的四个条件：“一曰德行高妙，志节清白；二曰经明行修，能任博士；三曰明晓法律，足以决疑，能案章覆问，文任御史；四曰刚毅多略，遭事不惑，明足照奸，勇足决断，才任三辅令。”强调基本原则是“皆存孝悌清公之行”。要求：“自今已后，审四科辟召，及刺史、二千石察举茂才尤异孝廉吏，务实校试以职。有非其人，不习曹事，正举者故不以实法。”这里所说的“正举者故不以实法”，就是严格执行对举荐者提供虚假信息予以追责并严厉惩处的法律。《续汉书·百官志一》刘昭注补引应劭《汉官仪》也强调了“四科取士”

的原则，同时说道："有非其人，临计过署，不便习官事，书疏不端正，不如诏书，有司奏罪名，并正举者。"所谓"正举者"，成为坚持选官公正的行政传统。类似的史例，还有《后汉书》卷六《顺帝纪》记载司空刘授免官，李贤注引《东观记》说，是以"辟召非其人，策罢"。名臣陈蕃批评时政，"帝讳其言切，托以蕃辟召非其人，遂策免之"。(《后汉书》卷六六《陈蕃传》) 也说明"辟召非其人"，是罢免责任官员的正当理由。

3.《书》《诗》"歌""刺"，"谣""谚"品评：社会舆论谴责

朝廷议政时，可以对"辟召非其人"情形公开揭露指责。如《后汉书》卷四五《张酺传》："二府辟吏，多非其人。"《后汉书》卷五四《杨秉传》："内外吏职，多非其人。"这种政治批评，有时利用灾异的出现而发表，从而扩大了影响力。如《续汉书·五行志二》"灾火"条说，汉灵帝时发生火灾，是上天对政治黑暗的警告。当时，"官非其人，政以贿成，内嬖鸿都，并受封爵。京都

为之语曰：‘今兹诸侯岁也。’”对于选官腐败的社会舆论谴责，形式是多样的。《后汉书》卷六《顺帝纪》记载一道诏书：“间者以来，吏政不勤，故灾咎屡臻，盗贼多有。退省所由，皆以选举不实，官非其人，是以天心未得，人情多怨。《书》歌股肱，《诗》刺三事。”说“吏政”的问题导致了灾异频繁，这当然是源自当时“天心”与“人情”相对应的神秘主义意识。“《书》歌”和“《诗》刺”，是古来通常出现的社会舆论表达方式。

《续汉书·五行志一》“谣”条记载，汉桓帝初年，“京都童谣”有对“政贪”的揭露和谴责。其中涉及选官：“梁下有悬鼓，我欲击之丞卿怒。”又解释说：“‘梁下有悬鼓，我欲击之丞卿怒’者，言永乐主教灵帝，使卖官受钱，所禄非其人，天下忠笃之士怨望，欲击悬鼓以求见，丞卿主鼓者，亦复谄顺，怒而止我也。”这里所说的“童谣”，与上文说到的“京都为之语曰：‘今兹诸侯岁也’”，同样是民众口传的舆论方式。《抱朴子外篇》卷二《审举》说，“灵献之世”，选官体制败坏，“台阁失选用于上，州郡轻贡举于下。夫选用失于上，则牧守非其人矣。贡举轻于下，则秀孝不得贤矣。故时人语曰：举秀才，不知书。察，父别居。寒清素白浊如泥，高第良将却如鸡”。《太平御览》卷四九六引《抱朴子》“故时人语曰”写作“桓灵谚曰”，可见也是以民间谣谚为形式的社会舆论。《后汉书》卷一一《刘玄传》记载，两汉之际，农民军控制关中，“其所授官爵者，皆群小贾竖，或有膳夫庖人”。“长安为之语曰：灶下养，中郎将。烂羊胃，骑都尉。烂羊头，关内侯。”虽然并非正统王朝的选官体制，却同样因为选举“非其人”，遭到以歌谣为形式的社会舆论批判。

多种社会舆论的压力，是可以在一定程度上迫使选官的腐败行为有所收敛的。

汉代的祠堂

两汉是中国文化开始走向成熟的历史时期，随着社会生产和社会交往的进步，文化演进的几个重要特征——儒学教育的广泛普及、宗法秩序的初步稳定、道德建设的空前升格，都与一种社会文化存在有关，这就是祠堂。祠堂是当时社会文化经纬的要络。其社会文化意义之重要，可以看作先祖祭祀的场地，孝道宣传的课堂，亲族汇聚的中心。皇族“宗庙”是国家礼祀的正统，也是放大和提升了的祠堂。汉家宗庙在政治权力接递程序中有非常重要的作用，曾经决定最高执政权力的予争夺。

1.“以孝治天下”与宗族祠堂的兴起

在秦汉人的崇拜体系和信仰世界中，巫术传统有浓重的影响。秦旧有“祠”“庙”，“雍”“百有余庙，西亦有数十祠”。祠祀对象，还有很多“小鬼之神”。这只是“祠官所常奉天地名山大川鬼神”，民间祠祀体系，更为纷杂。秦始皇东巡，对齐地原有的“八神”（天主、地主、兵主、阴主、阳主、月主、日主、四时主）也一一恭敬礼祠。汉王朝对于这一体制基本继承，表现于《史记》卷二八《封禅书》所谓“如其故仪礼”。不过，在两汉精神文明发展历程中，原始宗教的影响渐次削弱。与社会秩序、人文关怀和伦理规范关系比较密切的宗族祠堂，受到更多的重视。

《史记》卷六七《仲尼弟子列传》说到“作《孝经》”事。《史记》卷一一二《平津侯主父列传》载录“太皇太后诏”引述《孝经》。《汉书》卷七《昭帝纪》和《汉书》卷八《宣帝纪》载帝诏，都自述对《孝经》的熟悉。据《汉书》卷一二《平帝纪》，西汉晚期教育制度，“乡曰庠，聚曰序。序、庠置《孝经》师一人”。基层学校都设置讲授《孝经》的专职教师。《四民月令》中有“命幼童读《孝经》”的内容，体现乡村学校的启蒙教育已经以《孝经》为基本教材。

虽然《孝经》有“子曰：昔者明王之以孝治天下

也……”的文句，但是应当看到，在汉武帝时代提升儒学地位之后，“孝”更明显地成为正统意识形态的主导。儒学学者将这一理念扩展、提升，进行了与政治相结合的普及性宣传，如高诱《吕氏春秋·孝行》注：“孝为行之本也。”“先王以孝治天下。”而社会的普遍响应，在东汉更为明朗。我们看到，祠堂设置与其他行为共同成为这一文化演进的表现。

汉代比较普遍的意识，以为在“家门”表现的“孝行”，可以自然上升至国家层面。“夫国以简贤为务，贤以孝行为首。孔子曰：‘事亲孝故忠可移于君，是以求忠臣必于孝子之门。’”国家政治和个人修养的结合，可以在“孝行”追求上找到结合点。孝亲者，可以移忠于君。因此“孝子”自然可以成为“忠臣”。这是执政者关心的人才选拔原则。而“孝”服务于政治的作用，也因此被看重。论者是在强调“垂恩选举，务得其人”的主题时说这番话的。(《后汉书》卷二六《韦彪传》)“夫孝行著于家门，岂不忠恪于在官乎？”(《三国志》卷九《魏书·夏侯玄传》)“孝行”著家，则“忠恪”在官。“孝”和“忠”

的这种结合，被看作伦理文化与政治文化具有因果意义的必然。东汉后期历史记述中反复出现“以孝治天下”，如《三国志》卷二《魏书·文帝纪》裴松之注引孙盛曰，《三国志》卷七《魏书·张邈传》载陈宫曰及裴松之注引鱼氏《典略》，《三国志》卷一二《魏书·鲍勋传》，《三国志》卷四五《蜀志·杨戏传》裴松之注引《华阳国志》。“以孝治天下”，已经成为一种理想的政治指向，一种确定的政治原则。而“孝行著于家门”的具体的物化表现，我们看到宗族祠堂之普及。关于两汉的历史文献中，有密集的关于家族祠堂的记录，而文物资料更丰富了我们对这一社会现象的认识。

祠堂是遵行孝行、孝道的基本条件。在特殊情况下，对祠堂的重视因此又显示出坚持“礼”的风节操守。《后汉书》卷三七《桓典传》说，桓典“举孝廉为郎”，不久，家乡沛国的长官“沛相”王吉因罪被诛杀，故人亲戚没有人敢为他办理丧事，桓典竟然弃去官职，为其“收敛归葬”，并且“服丧三年，负土成坟，为立祠堂，尽礼而去”。“礼”的整体内容，是包括“立祠堂”的。

2. 两汉祠堂形制

司马迁《史记》正文中，没有出现和我们现在讨论的主题相关的祠堂，只是《史记》卷四七《孔子世家》说，孔子葬后，“唯子赣庐于冢上，凡六年，然后去。弟子及鲁人往从冢而家者百有余室”。诸儒在“孔子冢”举行“讲礼乡饮大射”礼仪。据说鲁人“以岁时奉祠孔子冢”，而刘邦经过鲁，“以太牢祠焉”。大概起初并没有祠堂建筑。据裴骃《集解》引《皇览》说“孔子冢”位置规模，称“本无祠堂”，“冢前以瓴甓为祠坛，方六尺，与地平”。这种“祠坛”设置，也是后来的事。《皇览》“孔子本无祠堂”的说法，又见于《续汉书·郡国志二》刘昭注补转引。

《汉书》可明确看到西汉中期以后祠堂建设的记录。如《汉书》卷五九《张安世传》“将作穿复土，起冢祠堂”，《汉书》卷六八《霍光传》“发三河卒穿复土，起冢祠堂”，祠堂与冢墓同时营造。《汉书》卷八九《循吏传·文翁》也说：“文翁终于蜀，吏民为立祠堂，岁时祭祀不绝。”据《汉书》卷七二《龚舍传》记载，龚胜“称疾”拒绝王莽“安车驷马”征召，绝食十四日死。安排丧葬事宜：“衣周于身，棺周于衣。勿随俗动吾冢，种柏，作祠堂。”可见，“作祠堂”已经是通常社会礼俗的表现。东汉初，“悉为舂陵宗室起祠堂”的记载，见于《后汉书》卷一下《光武帝纪下》。

《三国志》卷五八《吴书·陆逊传》裴松之注引《陆氏祠堂像赞》，说明汉魏之际，祠堂设置已经采用了艺术表现形式。

祠堂又有称“房”的。《后汉书》卷七《桓帝纪》可见“坏郡国诸房祀”的记载，李贤注：“房谓祠堂也。”又引《王涣传》说，只保留了两处原有“庙”“祠”，即“密县存故太傅卓茂庙，洛阳留令王涣祠”。可见“祠”和“庙”的关系，名义虽不同，实质其实相近。

《后汉书》卷一八《吴汉传》李贤注引《东观记》：“夫人先死，薄墓小坟，不作祠堂。”《后汉书》卷二四《马援传》：“援夫人卒，乃更修封树，起祠堂。”说明东汉制度，夫妇同茔同穴，而且一同享受祠堂祭祀纪念。

司徒张酺去世，病危时指示其子丧事从俭："其无起祠堂，可作槁盖庑，施祭其下而已。"（《后汉书》卷四五《张酺传》）他的遗言，告知我们当时祠堂可以采用的替代形式，是仅仅建构一个简易的棚顶，以遮蔽必须进行的"施祭"礼仪。

3. 祠堂的文物实证："石室"和"食堂"

文翁的祠堂立于蜀地，可能和墓葬不在一处。类似的情形又有蔡邕《坟前石碑》所说"封坟三板，不起栋宇，乃作祠堂于邑中南旧阳里，备器铸鼎，铭功载德"。祠堂在"邑中"，与"坟"有距离，但是一般的祠堂就在墓园。自宋代以来，对于汉代祠堂的发现和研究已经引起学界重视。当时著录的祠堂遗存，成为早期金石学研究的主题之一。现代考古学的进步，使得相关遗存得到了科学的考察收获。有学者根据汉代石刻资料指出："祠堂是陵园中祭奠死者的地方，汉代陵园祠堂有多种称谓，如庙祠、食堂、斋祠、食斋祠、石室等。""徐州汉画像石中的祠堂题记皆称祠堂为'石室'，山东画像石习惯将祠堂

称为‘食堂’。”（武利华：《徐州汉碑刻石通论》，文化艺术出版社2019年版，第121页、第146页）

以“石室”为类似纪念性建筑名号的情形，其实也见于正史。如《汉书》卷二八下《地理志下》记载：金城郡临羌（今青海湟源）“西北至塞外，有西王母石室、仙海、盐池”。“仙海”，就是今天的青海湖。《史记》卷五《秦本纪》张守节《正义》引《括地志》据《十六国春秋》说：“酒泉南山即昆仑之丘也，周穆王见西王母，乐而忘归，即谓此山。有石室王母堂……”《后汉书》卷八五《东夷传》李贤注引《博物志》：“徐王妖异不常。武原县东十里，见有徐山石室祠处。”这可以使我们联想到“徐州汉画像石中的祠堂题记皆称祠堂为‘石室’”的情形。“石室”传说常与神仙传说有关。《续汉书·郡国志四》“长沙”条刘昭注补引《荆州记》曰：“县东四十里有大山，山有三石室，室中有石床石臼。父老相传，昔有道士学仙此室……”有关“石室”作为“神仙”居所和“学仙”场地的故事，暗示汉代冢墓的“石室”遗存，有可能与当时人们的神仙崇拜与升仙追求有关。

"食堂"名号，在正史中见于《汉书》卷九八《元后传》的记载。王莽取得最高权力后，"堕坏孝元庙，更为文母太后起庙，独置孝元庙故殿以为文母篡食堂"。

4. 祠堂的象征意义

邓晨与刘秀一同起兵反抗新莽，战有挫折，"汉兵退保棘阳，而新野宰乃污晨宅，焚其冢墓"。这是在战争中破坏敌方宗族墓葬的通行手段。《后汉书》卷一五《邓晨传》写道："宗族皆恚怒，曰：'家自富足，何故随妇家人入汤镬中？'晨终无恨色。"所谓"宗族皆恚怒"，说明"污晨宅，焚其冢墓"的行为是可以产生一定的心理震慑效力的。《东观汉记·邓晨传》的记述是："（邓晨）与上起兵，新野吏乃烧晨先祖祠堂，污池室宅，焚其冢墓。"对邓晨家族的惩罚，包括焚烧其"先祖祠堂"。祠堂，是"先祖"威望与"宗族"气运的象征。

"起祠堂""立祠堂"，对于政治功业，也是一种重要的表彰嘉奖方式。两汉之际，益州太守文齐积极开发水利，发展垦田，稳定地方。刘秀"征为镇远将军，封成义侯”，然而途中去世。“诏为起祠堂，郡人立庙祀之。”《后汉书》卷八六《西南夷传》还记载，益州太守张翕“政化清平，得夷人和”。管理地方行政十七年，在任上去世，“夷人爱慕，如丧父母”，“诏书嘉美，为立祠堂”。《三国志》卷一五《魏书·贾逵传》裴松之注引《魏略》写道，曹髦东征，来到贾逵“祠下”，诏曰：“逵没有遗爱，历世见祠。追闻风烈，朕甚嘉之。昔先帝东征，亦幸于此，亲发德音，褒扬逵美，徘徊之心，益有慨然。夫礼贤之义，或扫其坟墓，或修其门闾，所以崇敬也。其扫除祠堂，有穿漏者补治之。”以“礼贤”为目的的祠堂修缮，表现了“崇敬”之心。

5. 民间祠堂和国家“宗庙”

汉代国家“宗庙”，即刘邦家族的“宗庙”，是最高等级的祠堂。

汉王朝的“宗庙”在行政史中的作用，有非常重要的表现。这从刘贺政治生涯出现大起大落的情节中可以管窥一二。因“广陵王不可以承宗庙”，刘贺得以入长安，但践帝位二十七日即被废，原因在于霍光“具陈昌邑王不可以承宗庙状”。刘贺罪状，包括“祖宗庙祠未举”，“祠昌邑哀王园庙”。其最后政治结论的宣布，则与其帝位继承宗庙未曾认可有关，即所谓“未见命高庙，不可以承天序，奉祖宗庙，子万姓，当废”。废刘贺事，又“以一太牢具，告祠高庙”（《汉书》卷六八《霍光传》）。刘贺后得封海昏侯，却终生不能参与宗庙祠祀，“不宜得奉宗庙朝聘之礼”（《汉书》卷六三《武五子传·昌邑哀王刘髆》）。宗庙在刘贺政治浮沉经历中的作用，与秦汉帝国努力推崇的先祖崇拜有关。

是否“可以承宗庙”是帝位继承人选择的决定性要素。可以作为历史参照的，有秦二世胡亥自称即位得到“宗庙”认可的湖南益阳兔子山简牍文字“今宗庙吏及箸以明至治大功德者具矣”。他在承接最高执政权之后的第一道政治公告中宣称，其即位是得到“宗庙”认可的，因此具有确定无疑的合法性。

宗庙祭祀可能有非常严格的礼仪规范。据《史记》卷二〇《建元以来侯者年表》记载，有高昌侯董忠“坐祠宗庙乘小车，夺百户”，博阳侯邴翁孟“坐祠宗庙不乘大车而骑至庙门，有罪，夺爵”的案例。都是因为前往“祠宗庙”采用的交通方式不符合规定而受到削户、夺爵的严厉惩处。

6. 祠堂“务崇华侈”批判

祠堂作为纪念祖上、宣传孝道、寄托哀思、团结宗亲的方式，有很突出的文化意义。缅怀先祖的光荣，汇聚宗族的情感，在东汉豪族兴起的时代条件下，应该有益于宗亲这种社会关系的维系，有益于家族这种社会单元的凝聚。但是祠堂毕竟只是一种象征性的与物质层面存在距离的文化存在，对于实际的社会生产和社会生活少有直接的作用。

前引张酺敕其子“其无起祠堂，可作槁盖庑，施祭其下而已”，体现出节俭风格。然而有人注意到，祠堂建设追求奢华富丽，已经形成恶劣影响。《后汉书》卷六三《李固传》“新营祠堂，费功亿计，非以昭明令德，崇示清俭”，就发表了否定的意见。

《后汉书》卷四九《王符传》载录王符对“浮侈”社

会风习的批判，涉及冢墓祠堂："造起大冢，广种松柏，庐舍祠堂，务崇华侈。"其中"务崇华侈"，《潜夫论·浮侈》写作"崇侈上僭"。《三国志》卷五《魏书·后妃传·文德郭皇后》记载："……及孟武母卒，欲厚葬，起祠堂，太后止之曰：'自丧乱以来，坟墓无不发掘，皆由厚葬也。首阳陵可以为法。'"制止"厚葬，起祠堂"的态度，表现出开明的意识。

汉代祠堂所体现的社会文化意义值得重视。汉代祠堂对后世表现出的长久的影响，也应当为丧葬史、宗族史、社会观念史研究者所关注。

两汉四百余年间，祠堂及相关文化表现，也有不同时期的变化，有时还会受到政治力量的异常冲击。上文说《后汉书》卷七《桓帝纪》记载"坏郡国诸房祀"事，《后汉书》卷七六《循吏传·王涣》的记载是："延熹中，桓帝事黄老道，悉毁诸房祀，唯特诏密县存故太傅卓茂庙，洛阳留王涣祠焉。"帝王"事黄老道"，致使"诸房祀"的普遍破坏，考察祠堂的历史变迁，这也是需要认识、理解并予以说明的现象。

秦汉研究的学术史

“弄瓦翁”陈直：秦汉史研究的学术旗帜

有代表性的学人，是一个大学的光荣。一个学术方向，也往往有若干位各有学术个性的标志性人物。这样的学者，不仅以自己的学术成就充实了我们民族文化的宝库，同时提示着探索的路径，引领着后学者前行。西北大学陈直教授在秦汉史研究领域，就是这样的学界代表性人物。

1.“文献材料和考古实物两相结合”

1925 年，王国维在清华国学研究院设《古史新证》演讲课。在此之前，他已有《殷卜辞中所见先公先王考》《续考》《殷周制度论》《毛公鼎考释》等以甲骨文、金文为主要资料的实证性著名论文发表，《古史新证》可以看作在这些论著的基础上又迈上了新的学术阶梯。在《古史新证》第一章“总论”中，王国维提出了著名的古史研究“二重证据法”。他说：“吾辈生于今日，幸于纸上之材料外，更得地下之新材料。由此种材料，我辈固得据以补正纸上之材料，亦得证明古书之某部分全为实录，即百家不雅训之言亦不无表示一面之事实。此二重证据法惟在今日始得为之。”在王国维讲这番话时，陈直先生24岁。所谓“吾辈生于今日”之“幸”以及“此二重证据法惟在今日始得为之”，王国维反复说到的“今日”所表现的中国学术的时代进步，陈直一代学人得以亲身体验。陈直先生是在秦汉史学界实践“二重证据法”的有影响的学者。张岂之先生说：“（陈直）严谨，材料扎实，文献材料和考古实物两相结合，立论准确，文风朴实无华。”（《治学与为人——纪念陈直先生逝世十周年暨诞辰九十周年》，《陈直先生纪念文集》，西北大学出版社1992年版，第15页）彭树智先生指出：“他是考古学家，但他不满足于发掘报告，而是进一步使用考古为历史服务，从而把考古学和历史学研究提高到一个更高层次的研究水平。”“用研究环节把二者结合起来，实际上是这两个学科研究的创新思想。我认为，这一点对我们今天的历史学、考古学、社会史、文化史乃至思想史的研究，都有深刻的启迪意义。”（《学术与心术的统一——写在陈直先生逝世十周年暨诞辰九十周年之际》，《陈直先生纪念文集》，第 19 页）李学勤先生写道，“他治学朴实精深”，“学有端绪，却又能开辟新境”。“陈先生一生治学的基本方针”，就是他在《汉书新证》自序中所说：“以（《汉书》）本文为经，以出土古物资料证明为纬，使考古为历史服务，既非为考古而考古，亦非单独停滞于文献方面。”李学勤先生明确指出，“把考古和文献互相结合起来，借以研究古代历史文化，即王国维提倡的二重证据法”。“王氏所说‘纸上之学问’指文献，‘地下之学问’指考古。他当时讲的新发现，共列举五项：殷墟甲骨文、敦煌及西域简牍、敦煌卷子、内阁大库书籍档案、古代少数民族遗文，至今仍是专门研究的对象。”对于陈直先生坚持其治学基本方针在相关研究领域的新的推进，李学勤先生说：“陈直先生的研究范围，则超过了这五项。我们知道汉代文物极为零散繁多，真是所谓片砖残瓦、散金碎玉，而陈先生却积几十年的功力，加以汇集萃聚，一一与文献相印证，为汉代研究别开生面。

如他自己所说，这一新道路，‘为推陈出新者所赞许，为守旧不化者所睢盱，知我罪我，所不计已’。”对于这种学术风格予以指责的声音现在已经不大听得到了。正如李学勤先生所说：“他开拓的道路，已为学术界大多数所肯定了。这正是把王国维提倡的二重证据法作了进一步的发挥，从而取得丰富的成果。”（《陈直先生其人其事》，《陈直先生纪念文集》，第 23 页至第 24 页）

2. 陈直与西北大学的考古学

陈直先生曾任西安市文物管理委员会委员、陕西省社科联顾问、陕西省历史学会顾问、中国考古学会理事、中国秦汉史研究会筹备组组长。

刘士莪先生回忆，陈直先生在西北大学历史系开设“考古学通论”课程，“虽不是首创”，但就西北大学所处的历史、地理位置来说，“实不失为一种远见”。他的教学“言简意赅”，“不尚空谈”，“以渊博的文献知识，变文物为活教材”。“既抛弃了金石学的传统，又非就文物谈文物，而是把文物与文献有机地结合起来，互相印证，互相

补充，其功力达到了炉火纯青的境界。”（《对先师陈直先生的回忆》，《陈直先生纪念文集》，第 32 页至第 33 页）

我在 1978 年初至 1981 年底就读于西北大学考古专业，当时陈直先生是历史系考古教研室主任、秦汉史研究室主任。陈直先生虽然没有给我们直接授课，但是他在《考古》《文物》等刊物发表的学术论文，都被我们看作必读的教材。

3.《汉书》点校与《汉书新证》

陈直先生不仅参与主持由西北大学历史系承担的《汉书》（中华书局 1962 年 6 月版）的标点，还与冉昭德先生主编《汉书选》（中华书局 1962 年 12 月版），是公认的汉史研究文献学建设的功臣。他的《汉书新证》1959 年 10 月天津人民出版社初版，1979 年 3 月第二版面世，被看作“《汉书》学”新成就的代表，公认为《汉书》研究的经典。随后他的主要论著《史记新证》（天津人民出版社 1979 年 4 月版）、《两汉经济史料论丛》（陕西人民出版社 1980 年 12 月版）、《摹庐丛著七种》（齐鲁书社 1981 年 1 月版）、

《居延汉简研究》（天津古籍出版社 1986 年 5 月版）、《文史考古论丛》（天津古籍出版社 1988 年 10 月版）等学术精品的集中面世，以厚积薄发的态势，显现出对学界的积极的冲击，对秦汉史研究形成了明显的引领与激励的作用。

在社会动荡年代，陈直先生曾经在金融机构谋生。20 世纪 40 年代末时势变化，承著名学者、教育部部长马叙伦推荐，由当时的西北大学校长侯外庐先生约请，1950 年起执教于西北大学历史系。这和近年一些学人愿意跳出学术圈，乐意往经济前景较好的行业发展不同，表现了相反的人生取向。1963 年至 1964 年，陈直先生曾经以讲师身份应翦伯赞先生邀请赴北京大学讲学，应佟冬先生邀请赴东北文史研究所讲学。这样的情形，以被邀请人特别的学识和邀请人的特别的慧眼，曾经传为美谈。

陈直先生的论著从 1959 年 10 月天津人民出版社最初推出的《汉书新证》到 2000 年 11 月西北大学出版社出版的插图本《读金日札》，前后历时 41 年，“摹庐丛著”18 种终于全部出齐。2006 年起，中华书局重印陈直著作。选本则有 2010 年三秦出版社、陕西师范大学出版社版《长安学丛书·长安学者文集》的《陈直卷》、2012年三秦出版社版《陈直著作三种》相继问世。2021年8月，西北大学出版社又将列入“西北大学名师大家学术文库”的《陈直著作选》上下卷贡献给学界。《陈直著作选》上卷收录《汉书新证》《史记新证》，下卷收录《两汉经济史料论丛》《文史考古论丛》。秦汉史研究者和关心秦汉历史文化的朋友们都会对这部优秀的选本表示欢迎和感谢。时值西北大学120周年校庆，《陈直著作选》的推出，也是一种学术光荣的纪念。

4. “敢傲乾嘉老，眼福意气扬”

陈直先生有旧体诗作，载《〈摹庐诗约〉选》，收入了西北大学秦汉史研究室主编的《陈直先生纪念文集》（西北大学出版社1992年5月版）。他的“取证马迁史”（《近成〈楚辞拾遗〉一卷》），“披香致嘉祥”（《报谢保之从兄兼述陇居近况》其二）诗句，总结了其学术生活的个性特点。原注：“‘披香’，指‘披香殿当’，亦出于汉城，殿在未央宫内。”其实，“嘉祥”，有可能指著名的武氏祠汉画像石出土地点山东嘉祥。陈直先生治学继承乾嘉学风，但是对于文物实证的重视，因时代进步、条件优越，某些方面有了明显的超越。他写道："乾嘉诸老辈，攻金石刻辞。吾家数昆季，亦颇斟酌之。言笑有新获，传观乐不支。"（《保之从兄四十初度赋此致贺》其二）又如："淮南有《鸿烈》，梁宫发奇光。敢傲乾嘉老，眼福意气扬。""淮南"句说"淮南"半瓦，"梁宫"句说"梁宫"瓦当。他以为自己的"眼福"，已经超过了"乾嘉"前辈学者。其实，就学术综合能力和考察水准来看，从某种角度说，他是可以"敢傲乾嘉老"的。因"有新获"而"乐不支""意气扬"，"言笑"之间，表达了对学术的深爱。

陈直先生曾自号"弄瓦翁"。他注意历史文化遗迹中出自腐土泥垢之下最普通的建筑材料——残存的秦砖汉瓦，以及李学勤先生所言"片砖残瓦"之外的"散金碎玉"等，从中发现重要的学术信息。他的《关中秦汉陶录》作为积累多年对秦汉时期文化重心地方陶质文物遗存的研究心得，已经成为公认的秦汉陶文研究的名著。

5. 永远的导师

陈直先生关于秦汉史和秦汉考古的许多判断，被认作学术定论。学术史不断进步，新发现层出不穷。他的有些意见或许会出现“先生之学说，或有时而可商”的情形，当然应当因新材料的发现有所修正和充实，但是他的学术方法的启示意义，仍然有长久的积极影响。他倡导的“以（史籍）本文为经，以出土古物资料证明为纬”的学术理念，他坚持的创新追求和实证原则，都将永远指导我们开拓宽广的学术境界，争取全新的学术创获，提升到更高的学术层级。

中国社会科学院考古研究所图书资料室编《中国考古学文献目录（1949—1966）》是比较规范的高质量的考古学论著目录。我们看到“考古学分论”中的“秦汉时代”部分，总题下有陈直先生的 4 篇论文:《秦始皇六大统一政策的考古资料》《西汉屯戍研究》《关于西汉的徒》《汉晋过所通考》。“秦汉时代”部分列有 5 个主题，都有陈直先生的论文，即“(一）农业、手工业和商业”题下的《从秦汉史料看屯田采矿铸钱三种制度》《两汉纺织漆器手工业》《两汉陶器手工业》《盐铁及其他采矿》《汉代人民的日常生活》《汉代的米谷价及内郡边郡物价情况》；“（二）建筑遗址与建筑材料”题下的《福建崇安城村汉城遗址时代的推测》《秦汉瓦当概述》；“（三）壁画”题下的《望都汉墓壁画题字通释》；“（四）器名考释”题下的《洛阳汉墓群陶器文字通释》《古器物文字丛考》《汉镜铭文学上潜在的遗产》《四种铜镜图录释文的校订》《关于西安三桥高窑村西汉铜器铭文的几点意见》《广州汉墓群西汉前期陶器文字汇考》；“（五）器物研究”题下的《西汉的陶器》。可见陈直先生于秦汉文物视野之宽，研究覆盖面之广。20 世纪 50 年代和 60 年代的这些论文发表于《历史研究》《文史哲》《光明日报》《考古》《文物》《历史教学》《学术研究》等报刊，不仅体现作者较早关注秦汉产业发展和社会底层生产者的生活，对于新出土文物亦及时进行考察研究。发表密度也值得注意。1963 年，他的论文在《文物》2 期、11 期发表两篇。《西北大学学报》（人文科学版）1957 年 2 期、3 期和 4 期连续发表 3 篇。《考古》1961年4期、11期，1962年3期，1963年2期、8期，均发表了陈直先生的论文。1963年2期同期就发表了两篇。

《中国考古学文献目录（1949—1966）》“考古学分论”中的“秦汉时代”所收录报刊发表学术论文，陈直先生是最多的。我们还注意到，陈直先生发表的考论文章，许多是短文。如《考古》发表的几篇论文，往往只占两三页版面，有的只有一页。发表于《西北大学学报》（哲学社会科学版）1979年1期的《秦兵甲之符考》，全文竟然不到500字。这些论文虽然文字简短，然而内容精到，后来学者的研究不能不用心参考。

实事求是的治学风格，务求其真的探索精神，终生不懈的创新追求，使得陈直先生成为秦汉史研究的学术旗帜。陈直先生的学术影响经久不衰，表现之一，就是曾经师从陈直先生学习简牍学，曾担任他的学术助手的林剑鸣先生因《秦史稿》《秦汉史》《法与中国社会》等论著获得学术声誉。陈直先生指导的唯一一届攻读硕士学位研究生黄留珠、周天游、张廷皓、余华青、吕苏生，都成为秦汉史研究、秦汉考古研究、秦汉文物研究方面的学术大家。

西北大学出版社推出《陈直著作选》上下卷，修正了此前数种版本的不少错误，成为最新最好的本子。然而学术事亦往往难免千虑一失，如果一定要指出微瑕，或许可以注意到，《汉书新证》《史记新证》初版均为繁体竖排，这符合古籍阅读的习惯，也与中华书局标点本《史》《汉》一致。现在均作简体横排，繁简转换有时会出现小的问题。比如《汉书新证》部分，第 342 页“为语兒侯”，第 351 页“以诏书取兒去”，第 352 页“美人一苇箧一合，盛所生儿”，“兒”“儿”字样显示，似可斟酌。

《吕不韦传》序

东周时期，中国历史发生激变，中国社会走向动荡，而中国文化也获得了丰收。当时社会经济实现空前进步，同时若干强势军事政治势力迅速崛起。在这一历史阶段，列国“宰割天下，分裂河山”(《史记》卷六《秦始皇本纪》)。一时英雄辈出。有两位在商业经营和军政决策方面均有突出表现的人物，其事迹留下了深刻的历史记忆。这就是先从政而后经商的范蠡，和起先以富商身份成为闻人，后来又介入高层政治生活，插足执政集团的决策班子，最终影响了中国政治史走向的吕不韦。唐人柳宗元《招海贾文》所谓“范子去相安陶朱，吕氏行贾南面孤”(《柳宗元集》卷一八)，并说“范子”与“吕氏”故事，注意到这两位重要人物特殊的人生经历和特殊的历史表现。明人姚夔《耕云纪》所谓“吕不韦之识奇货，陶朱公之丰府库”(〔明〕姚夔撰:《姚文敬公遗稿》卷七)，大致也表达了同样的意思。

吕不韦是兼跨商界与政坛的名人，他以财富投资政治，以个人经济实力影响了政治进程。作为秦史重要人物，他的人生轨迹，与秦统一的历史进程相叠合。唐人李商隐诗句“嬴氏并六合，所来因不韦”(《全唐诗》卷五四一《井泥四十韵》)，明确肯定了吕不韦对于秦实现统一这一历史大变局的作用。

1. 吕不韦：“立国家之主赢几倍？”

《战国策·秦策五》“濮阳人吕不韦贾于邯郸”条记述了吕不韦决意就秦国政治继承人的择定进行政治投资的心理动态：“濮阳人吕不韦贾于邯郸，见秦质子异人，归而谓父曰：‘耕田之利几倍？’曰：‘十倍。’‘珠玉之赢几倍？’曰：‘百倍。’‘立国家之主赢几倍？’曰：‘无数。’曰：‘今力田疾作，不得暖衣余食；今建国立君，泽可以遗世。愿往事之。’”司马迁《史记》卷八五《吕不韦传》专门为这个人物立传。其中指出吕不韦因经商成功积累了可观的财富：“吕不韦者，阳翟大贾人也。往来贩贱卖贵，家累千金。”对于“建国立君”以求“利”“泽”之成本以及“赢几倍”的核算，记述没有《战国策》具体，只是写道：“子楚母曰夏姬，毋爱。子楚为秦质子于赵。秦数攻赵，赵不甚礼子楚。子楚，秦诸庶孽孙，质于诸侯，车乘进用不饶，居处困，不得意。吕不韦贾邯郸，见而怜之，曰‘此奇货可居’。”吕不韦以“往来贩贱卖贵”的商业经验思考政治问题，是把可能有乐观政治前景的子楚看作经营对象“货”的。他后来果然取得了“立国家之主”“建国立君”的政治成功。和“奇货可居”对应的说法，司马迁记述他对子楚的利用，称“欲以钓奇”。司马迁以史家敏锐的眼光，发现了政治生活中在许多冠冕堂皇的道德标榜等宣传话语的背后，其实是“赢”“利”的直接物质追求。

司马迁并非完全漠视儒学有关“义”“利”的理念。《史记》卷二四《乐书》可见“明乎《齐》之诗者，见利而让也”，“见利而让，义也”的说法。《史记》卷三〇《平准书》也写道：“《书》道唐虞之际，《诗》述殷周之世，安宁则长庠序，先本绌末，以礼义防于利。”《史记》卷八三《鲁仲连邹阳列传》记载了这样的态度：“盛饰入朝者不以利污义，砥厉名号者不以欲伤行。”也强调“义”“利”关系的原则。《史记》卷一三〇《太史公自序》概括《孟子荀卿列传》的内容，也说：“猎儒墨之遗文，明礼义之统纪，绝惠王利端，列往世兴衰。”《史记》卷九二《淮阴侯列传》也可见韩信对“乡利倍义”的否定。《史记》卷四四《魏世家》引录了孟轲的话：“君不可以言利若是。夫君欲利则大夫欲利，大夫欲利则庶人欲利，上下争利，国则危矣。为人君，仁义而已矣，何以利为。”对于“言利”“欲利”“争利”的批判，又称“好利”，是直接指向“秦”的：“秦与戎翟同俗，有虎狼之心，贪戾好利无信，不识礼义德行。”《史记》卷一三〇《太史公自序》概括《孟子荀卿列传》的内容，也说：“猎儒墨之遗文，明礼义之统纪，绝惠王利端，列往世兴衰。”汉代政论家徐乐总结“秦失”的历史教训，也以为实现统一之后的秦帝国如果“贵仁义，贱权利”，“变风易俗，化于海内，则世世必安矣”。（《史记》卷一一二《平津侯主父列传》）

“秦与戎翟同俗”，“贪戾好利”，“不识礼义”的批判，和中原人对于草原游牧射猎民族“苟利所在，不知礼义”的指责（《史记》卷一一〇《匈奴列传》），是一致的。中原诸国对于秦人曾经“夷翟遇之”（《史记》卷五《秦本纪》），视之为“夷狄也”（《史记》卷一七《天官书》，《汉书》卷二六《天文志》），史称“诸夏宾之，比于戎翟”（《史记》卷一五《六国年表》）。东方人又有“秦戎翟之教”（《史记》卷六八《商君列传》），“秦与戎翟同俗”（《史记》卷四四《魏世家》）的说法。司马迁在《史记》卷一五《六国年表》中说，“秦杂戎翟之俗，先暴戾，后仁义”，“秦之德义不如鲁卫之暴戾”。然而他又写道：“秦取天下多暴，然世异变，成功大。”肯定了“秦”的“成功”。其中所谓“世异变”的说法值得深思。司马迁曾经说，“末世争利”（《史记》卷一三〇《太史公自序》）。秦人正是顺应了社会价值取向的“世异变”，因而能够“取天下”，“成功大”。

《史记》卷一二四《游侠列传》中有这样一段话，说明了“义”和“利”在战国晚期社会意识中的历史性“异变”:“鄙人有言曰:‘何知仁义,已飨其利者为有德。’故伯夷丑周,饿死首阳山,而文武不以其故贬王;跖、蹻暴戾,其徒诵义无穷。由此观之,‘窃钩者诛,窃国者侯,侯之门仁义存’,非虚言也。”对于所谓“已飨其利者为有德”,司马贞《索隐》的解释是:“言已受其利则为有德,何知必仁义也。”以往坚守“仁义”理念的动摇,以及“德”的原则的淡化,是时代演进造成的。“已受其利则为有德”,时势变化,使得“德”在“利”的面前,已经严重贬值。

司马迁在《史记》卷三〇《平准书》中以“太史公曰”的口吻更为明朗地肯定了战国以来的“事变”怎样否定了儒学“以礼义防于利”的传统宣传:“《书》道唐虞之际,《诗》述殷周之世,安宁则长庠序,先本绌末,以礼义防于利;事变多故而亦反是。是以物盛则衰,时极而转,一质一文,终始之变也。”所谓“时”“转”“事变”,“天下争于战国,贵诈力而贱仁义,先富有而后推让。故庶人之富者或累巨万,而贫者或不厌糟糠;有国强者或并群小以臣诸侯,而弱国或绝祀而灭世。以至于秦,卒并海内”。秦统一，是全面影响中国政治格局和文化面貌的重大的历史事变。秦人之所以能够实现统一，“并天下”(《史记》卷五《秦本纪》,《史记》卷六《秦始皇本纪》,《史记》卷一五《六国年表》,《史记》卷二八《封禅书》,《史记》卷三七《卫康叔世家》,《史记》卷八六《刺客列传》,《史记》卷八八《蒙恬列传》,《史记》卷九七《郦生陆贾列传》,《史记》卷一一三《南越列传》,《史记》卷一一四《东越列传》),“竟并天下”(《史记》卷八七《李斯列传》),“尽并天下”(《史记》卷七三《白起王翦列传》),是顺应时代趋势的结果，也是秦文化重实用、重实力之传统与世运相合的表现。而出身“大贾人”,“往来贩贱卖贵，家累千金”的吕不韦，正是以“贵诈力”“先富有”的商人资质，与秦国当时的进取国策和激越节奏完全合拍，从而成为一个特殊时段有影响的政治领导人。

吕不韦言子楚“奇货可居”时对“利”的明确谋求，司马迁并没有予以批评和斥责。这是因为他对于追求创造和积聚物质财富即“利”的心理和实践有所理解的缘故。《史记》卷一二九《货殖列传》中相关内容体现的社会理念，是有进步意义的。

从秦庄襄王元年（前 249）起，到秦王嬴政十年（前 237）被免职，吕不韦在秦国专权 12 年。而这一历史阶段，正是秦国军威大振，兼并战争取得决定性胜利，统一局面已经形成确定基础的时期。秦庄襄王元年，吕不韦亲自率领秦军灭东周，扫荡了周王室的残余，真正结束了以周天子为天下宗主的时代。如《吕氏春秋·谨听》所说，“今周室既灭，而天子已绝，乱莫大于无天子。无天子则强者胜弱，众者暴寡，以兵相残，不得休息，今之世当之矣。”提出了“当今之世”实现新的“主贤世治”的时代期望。同年，秦军伐韩，取得成皋和荥阳，置三川郡。次年，秦军强攻魏、赵，得赵地 37 城。秦庄襄王三年（前 247），秦军又攻韩、赵，置太原郡，并瓦解了进逼函谷关的五国联军。秦王政尚幼弱，而吕不韦实际执政的数年间，秦军顺利进取韩、赵、魏，又击破五国联军，逼迫楚国迁都。在吕不韦时代，秦国的经济实力已经远远优越于东方六国，秦国的军事实力也已经强锐无敌。当时，“以天下为事”（《史记》卷六《秦始皇本纪》），期望“得志于天下”(《史记》卷六《秦始皇本纪》、《史记》卷七九《范雎蔡泽列传》、《史记》卷九四《田儋列传》),已经成为秦人直接的政治目标。应当说,秦实现统一,在吕不韦专权时大势已定。后来大一统的中央集权的秦王朝的建立,吕不韦是当之无愧的奠基者之一(王子今:《自描吕不韦》,《光明日报》2001 年 5 月 8 日)。

2.《吕氏春秋》的文化价值

除了在军事政治方面的积极贡献,吕不韦在文化史上也有重要的地位。司马迁在《史记》卷一三〇《太史公自序》中用这样一句话概括吕不韦事迹:“结子楚亲,使诸侯之士斐然争入事秦。”可以说,吕不韦时代,是秦国吸引东方士人西行参与秦政,从而使秦的文化实力空前扩充的时代;也是秦文化汲取东方文化的成熟内涵,取得历史性跃进的时代。这一文化进步的突出标志,是《吕氏春秋》的问世。《史记》卷八五《吕不韦列传》写道,当时魏有信陵君,楚有春申君,赵有平原君,齐有孟尝君,都能够礼待士人,致使宾客倾心相从,吕不韦以秦虽军力强盛，却未能形成同样的文化气氛而深以为羞，于是，同样招致士人，给予优遇，食客一时多至 3000 人。当时列国学者游学成风，多有倡论学说，著书流传天下者。吕不韦于是组织其宾客各自著述所见所思，“集论”以为《吕氏春秋》，以为天地万物古今之事，都充备其中。据说书成之后，曾经公布于咸阳市门，请列国诸侯游士宾客修正，号称有能增减一字者，给予千金奖励。可见这部书当时在秦国已经占据了某种文化权威的地位。

《汉书》卷六二《司马迁传》载司马迁《报任安书》有“不韦迁蜀，世传《吕览》”的名言，又与《周易》《春秋》《离骚》《国语》《孙子兵法》《韩非子》以及《诗经》等名著相并列，称其“贤圣发愤之所为作”。虽然“迁蜀”“世传”之说时序有误，却是高度肯定了《吕氏春秋》的文化价值的。《汉书》卷三〇《艺文志》将《吕氏春秋》归入“杂家”之中，又说“杂家”的特点，是兼采合化儒家、墨家、名家、法家诸说，而所谓“国体”“王治”，即合理的政体和成功的政策，正应当兼合诸学，博采众说，取百家思想之所长。《吕氏春秋》的这一特点，应当与吕不韦往来各地、千里行商的个人经历有关。这样的人生阅历，或许可以使得见闻较为广博、眼光较为阔远、胸怀比较宽容、策略比较灵活。不过，《吕氏春秋》能够成为杂家集大成之作的更主要的原因，可能还在于即将来临的“大一统”时代，对文化形态提出了涵容百家的要求。而曾经领略过东方多种文化因素不同丰采的吕不韦及其宾客们，敏锐地发现了这一文化进步的方向，明智地顺应了这一文化发展的趋势。

《吕氏春秋》的重要文化价值，突出表现在撰著者有意在大一统的政治体制即将形成的时代，为推进这一历史进步进行一种文化准备。《古今考》写道：“吕不韦作此书，欲秦并天下而行之。”（〔宋〕魏了翁撰，〔元〕方回续：《古今考》卷一一）清人喻端士说：“愚按吕不韦相秦十余年，此时已有必得天下之势，故大集群儒损益先王之礼而作此书。名曰《春秋》，将欲为一代兴王之典礼也。故其间多有未见与《礼经》合者。”（〔清〕喻端士撰：《时节气候抄》卷四《秋九月》）这些分析，都是大致符合吕不韦“作此书”的动机的。

据《吕氏春秋·序意》，有人问这部书中《十二纪》的思想要点，吕不韦回答：调整天、地、人的关系使之和谐，要点在于“无为而行”。他的这番话，很可能是说明《吕氏春秋》中《十二纪》写作宗旨的序言。全书的著述意图，自然也可以因此得到体现。所谓“无为而行”，对于未来政治的设计，是体现出合理的历史逻辑的。汉初的文景之治，证明了这一点。由于吕不韦政治生涯的终结，也由于秦王朝统治年祚的短暂，以致《吕氏春秋》中提出的有关思想，并没有来得及走向真正的成熟。

在政治文化的总体构想方面，吕不韦和他的助手们为秦的最高统治者进行了认真的设计。《吕氏春秋》中，《序意》申明“智”识应当“由公”的理念，《顺民》强调执政要“顺民心”的原则，指出：“先王先顺民心，故功名成。夫以德得民心以立大功名者，上世多有之矣。失民心而立功名者，未之曾有也。”“凡举事，必先审民心然后可举。”《贵公》发表了有关政治公平的主张：“昔先圣王之治天下也，必先公。公则天下平矣。平得于公。”“凡主之立也，生于公。”至于“天下非一人之天下也，天下人之天下也”的思想，尤其体现了非常开明的政治意识。

《汉书》卷三〇《艺文志》谓《吕氏春秋》“秦相吕不韦辑智略士作”，刘向也说：“秦相吕不韦集知略之士而造《春秋》。”称许其“皆明于事情者也”（《汉书》卷三六《刘向传》），都肯定了《吕氏春秋》执笔者的知识等级和文化层次。

《吕氏春秋》是战国百家争鸣时代最后的文化成就，同时作为文化史即将进入新的阶段的重要的文化标志，可以看作一座文化进程的里程碑。尽管吕不韦在秦王朝建立时已经退出历史舞台，然而《吕氏春秋》的文化倾向，对秦政依然有一定的影响。宋代仍然有学者称美《吕氏春秋》。朱熹说，“云其中甚有好处”（《朱子语类》卷一三八《杂类》），“道里面煞有道理”（《朱子语类》卷一一九《训门人七》），“道他措置得事好”（《朱子语类》卷九九《张子书二》），推想所谓“措置得事好”，很可能是在肯定《吕氏春秋》为即将出现的秦王朝所设计的政治蓝图的合理。我们或许可以说，《吕氏春秋》一书的文化内涵，体现了吕不韦较其政治实践更为突出的历史贡献。（王子今：

《论吕不韦及其封君河南事》,《洛阳工学院学报》2002 年 1 期;《〈吕氏春秋〉“大忠”“至忠”宣传及其政治文化影响》,《宝鸡文理学院学报》社会科学版 2008 年 1 期)

3. 吕不韦的历史评价

吕不韦历来是富有争议的人物，在《汉书》卷二〇《古今人表》所列九个人物等级中列为“中中”。《史记》卷八五《吕不韦列传》之后，历代史论对吕不韦评价者颇多，专门的传记则仅见于马非百《秦集史》中《人物传》三之九《吕不韦》，惜文字简略，大约只有 2000 字的史料辑合以及 1500 字以“元材案”为形式的论说。史料只是《史记》与《战国策》相关文字的简单拼合，及“《汉书·艺文志》”所见“杂家:《吕氏春秋》二十六篇”句(马非百著:《秦集史》，中华书局 1982 年 8 月版，第 211 页至第 215 页)。林剑鸣著《吕不韦传》，可以说是现代史家第一部以吕不韦研究为主题的认真全面的学术论著。

林剑鸣先生是秦汉史研究大家，但这部《吕不韦传》与他的其他一些学术专著如《秦史稿》《秦汉史》《法与中国社会》等有所不同，体现出对史学论著笔法的一种新的探索。林著《吕不韦传》自人民出版社 1995 年 5 月推出之后，2010 年 1 月又以《吕不韦与〈吕氏春秋〉》为书题由陕西人民出版社出版，形成了比较广泛的社会影响。

河南文艺出版社再次以《谋天巨贾：吕不韦传》的形式向读者介绍林剑鸣先生的这部论著，是书界致力于历史知识普及的有意义的贡献。这部书的面世，相信应该受到读书人的欢迎，也会得到关心秦史与秦文化的朋友们的关注。

《初并天下：秦君主集权研究》序

《史记》卷五《秦本纪》最后的文字，有对秦统一之后历史的简略总结。太史公写道："秦王政立二十六年，初并天下为三十六郡，号为始皇帝。始皇帝五十一年而崩，子胡亥立，是为二世皇帝。三年，诸侯并起叛秦，赵高杀二世，立子婴。子婴立月余，诸侯诛之，遂灭秦。其语在《始皇本纪》中。"这 77 个字的叙说，可以看作对秦王朝历史的概要说明。

1.《秦本纪》77 字秦王朝简史的意义

理解这段文字，对于《史记》秦史记述的阅读可能是有特别意义的。如所谓"《始皇本纪》"，我们曾经进行过通常所谓《秦始皇本纪》，可能原本作《秦始皇帝本纪》的讨论（王子今：《说〈史记〉篇名〈秦始皇帝本纪〉》，《唐都学刊》2019 年 4 期；《〈秦始皇帝本纪〉文献学琐议》，《宝鸡文理学院学报》2019年5期）。就子婴在位时间，司马迁写道："子婴立月余，诸侯诛之，遂灭秦。"这与《史记》卷一六《秦楚之际月表》"九月，子婴为王"，"（十月）秦王子婴降，沛公入破咸阳，平秦"，"（十二月，项羽）至关中，诛秦王子婴，屠烧咸阳。分天下，立诸侯"，可以对照理解。所说"秦王子婴降，沛公入破咸阳，平秦"，大致与"子婴立月余"之说同。而项羽同一年"十二月""诛秦王子婴"，则距"九月，子婴为王"已经3个月。"子婴立月余"之说值得注意。我们曾经关注过《史记》卷六《秦始皇本纪》"子婴为秦王四十六日"与《史记》卷八七《李斯列传》"子婴立三月，沛公兵从武关入，至咸阳"，"子婴与妻子自系其颈以组，降轵道旁"的时间差异（王子今：《〈史记〉时间寓言试解读：神秘的"四十六日"》，《人文杂志》2008年2期）。相关讨论，或许还可以继续。进一步的深度考察，或许可以增进对秦史的认识。

应当说，《秦本纪》这77字的记述包含了丰富的历史文化信息。孙闻博的秦政治史研究新著《初并天下：秦君主集权研究》取用这段记录中“初并天下”四字以为书名，应当说体现了对太史公秦史总结之关键说明的敏识和明断。

《史记》中使用与“初并天下”文字相近的说法，还有《史记》卷四《周本纪》“周初定天下”，和《史记》卷一〇六《吴王濞列传》载晁错语“昔高帝初定天下”。“初并天下”强调“并”，与“初定天下”，文意和语气似乎是有所不同的。

《史记》卷六《秦始皇本纪》关于是否“封建”的讨论，最后秦始皇做出决断：“始皇曰：‘天下共苦战斗不休，以有侯王。赖宗庙，天下初定，又复立国，是树兵也，而求其宁息，岂不难哉。廷尉议是。’”扶苏也使用过这样的语言：“始皇长子扶苏谏曰：‘天下初定，远方黔首未集，诸生皆诵法孔子，今上皆重法绳之，臣恐天下不安。唯上察之。’”这里所谓“天下初定”，意义与上文“秦王初并天下”之“初并天下”，看来只是另一种表述方式。

2.“初并天下，立为皇帝”

而“初并天下”的说法，《史记》书中使用四次。除前引《秦本纪》外，还有三例。一例即《史记》卷六《秦始皇本纪》记载：“二十六年，齐王建与其相后胜发兵守其西界，不通秦。秦使将军王贲从燕南攻齐，得齐王建。秦王初并天下，令丞相、御史曰：‘异日韩王纳地效玺，请为藩臣，已而倍约，与赵、魏合从畔秦，故兴兵诛之，虏其王。寡人以为善，庶几息兵革。赵王使其相李牧来约盟，故归其质子。已而倍盟，反我太原，故兴兵诛之，得其王。赵公子嘉乃自立为代王，故举兵击灭之。魏王始约服入秦，已而与韩、赵谋袭秦，秦兵吏诛，遂破之。荆王献青阳以西，已而畔约，击我南郡，故发兵诛，得其王，遂定其荆地。燕王昏乱，其太子丹乃阴令荆轲为贼，兵吏诛，灭其国。齐王用后胜计，绝秦使，欲为乱，兵吏诛，虏其王，平齐地。寡人以眇眇之身，兴兵诛暴乱，赖宗庙之灵，六王咸伏其辜，天下大定。今名号不更，无以称成功，传后世。其议帝号。’”于是议定“皇帝”名号，“号曰'皇帝'"。秦始皇制曰:"朕为始皇帝。后世以计数,二世三世至于万世,传之无穷。"在"秦王初并天下"这一政治史的既成事实发生之后,就有令"其议帝号",致使"秦君主集权"发生划时代的历史性变局。秦"初并天下",成为帝制时代的起始。《史记》另一例言"初并天下"者,也见于《秦始皇本纪》记载秦始皇二十八年(前 219)东巡,"上邹峄山","上泰山","禅梁父。刻所立石"之文辞:"二十有六年,初并天下,罔不宾服。亲巡远方黎民,登兹泰山,周览东极。"这里所谓"初并天下",是秦始皇自己使用的文字,也是正式的政治宣传用语。

同一刻石说"平天下":"皇帝躬圣,既平天下,不懈于治。夙兴夜寐,建设长利,专隆教诲。训经宣达,远近毕理,咸承圣志。"而琅邪刻石说"维秦王兼有天下,立命为皇帝",又以另一语言方式说"并""天下":"今皇帝并一海内,以为郡县,天下和平。"秦始皇二十九年(前 218)之罘刻石说:"烹灭强暴,振救黔首,周定四极。普施明法,经纬天下,永为仪则。大矣哉!宇县之中,承顺圣意。”其东观曰：“圣法初兴，清理疆内，外诛暴强。武威旁畅，振动四极，禽灭六王。阐并天下，甾害绝息，永偃戎兵。”所谓“阐并天下”，也是值得重视的有关“并天下”的宣传口径。

《史记》卷一五《六国年表》又可见“初并天下”的说法：“（始皇帝）二十六年，王贲击齐，虏王建，初并天下，立为皇帝。”所谓“初并天下”，也与“立为皇帝”合说，成为标志性的历史事件。

“初并天下”，“号曰‘皇帝’”，“初并天下，立为皇帝”，都说明“初并天下”的军事成功与帝制建立的政治史进程中标志性事件的直接关系。因此我们说孙闻博《初并天下：秦君主集权研究》的论题设定，是合理的。

3. 关于“秦君集权”

孙闻博是从“商鞅‘农战’政策的推行”开始分析“秦君集权”的，这为关心秦史和中国专制政治史的人们提供了历史理解的前期基础。

在“‘并天下’：秦军统一功业的历史定位与政治表

述”一章，作者分别论述了四个问题：第一，“‘大一统’观念与上古帝王世系构建”；第二，“帝王世系背景下‘一统’观念在上古史的扩展”；第三，“‘并天下’：秦超越前代的用语选择及其内涵”；第四，“复归‘大一统’：汉承秦制到上接周统的再次转变”。论述有追寻“并天下”理念渊源与政策演进之历史脉络的动机。这一学术目的，可以说基本达到了。

而第三章“秦君名号变更与‘皇帝’的出现”分析了秦国最高执政者“公”“王”“君称”名义的演进。其中“‘并天下’与‘皇帝’的登场”一节，对于全书学术主题的说明有重要的意义。第四章“兵符、帝玺与玺书：秦君政治信物的行用及流变”的论述当然不限于“秦君”行政权力的行使，也涉及整个秦汉时代甚至对后世的影响。全书所体现作者重视实证论说的风格，是值得肯定的。

4.“秦并天下”和“汉并天下”

有关“初并天下”的社会评论，可以注意后来导致“坑儒”悲剧的“侯生卢生相与谋曰”关于秦始皇品性特点和执政风格的议论："始皇为人，天性刚戾自用，起诸侯，并天下，意得欲从，以为自古莫及己。"（《史记》卷六《秦始皇本纪》）可知当时对于秦统一的社会舆论，习惯使用"并天下"的通行语言。

我们注意到，汉初瓦当实物上多见"汉并天下"瓦文，说明这是汉代非常普及的兼有帝权宣传、社会舆论与民间文化认可等诸多意义的文物。其数量之多，早已为金石学家所重视。元人李好文《长安志图》卷上说长安发现的"汉瓦"，"其文有曰'长乐未央'，有曰'长生无极'，有曰'汉并天下'，有曰'储胥未央'，有曰'万寿无疆'，有曰'永奉无疆'，亦有作'上林'字者"。（〔元〕李好文撰，辛德勇、郎洁点校：《长安志图》，三秦出版社 2013 年 12 月版，第 54 页）"汉并天下"瓦是主要品类。陈直论"南郑汉台出土""汉'佳汉三年大并天下瓦'"（有学者读作"惟汉三年大并天下"，华非编著：《中国古代瓦当》，人民美术出版社 1983 年 10 月版），判定"此为西汉最初年之物"。又说："至都关中后初造者为'汉并天下''汉有天下''汉兼天下'三种。""现汉城遗址，'汉并天下’出土最多，‘汉有’‘汉兼’两种则稀如星凤。”（陈直撰辑：《关中秦汉陶录》第二集《瓦当瓦片类上》，中华书局 2006 年 2 月版，第 211 页）“汉并天下”瓦当，《西北大学藏瓦选集》著录五品，年代皆定为“西汉初”，言“西安汉长安城遗址出土”（刘士莪编：《西北大学藏瓦选集》，西北大学出版社 1987 年 3 月版，十七至二一）。然而任虎成、王保平主编《中国历代瓦当考释》著录多达十二品，则均注明：“时代：汉；发现地点：陕西省西安市北郊。”又说：“近年来的考古发现表明，‘汉并天下’瓦当多出土于建章宫遗址，而建章宫始建于汉武帝时期，故这种瓦当大概流行于那时，属文字瓦当早期制品。”（任虎成、王保平主编：《中国历代瓦当考释》汉代文字卷（三），世界图书出版公司 2019 年 9 月版，第 496 页至第 507 页）研究者通过从“秦”至“汉”的历史分析，说明“汉并天下”的意义。认为：“自秦代以来，中国就受到匈奴的侵扰，汉高祖刘邦早年亲历了‘白登之围’的耻辱，其后几十年里不得不以‘和亲’来维持与匈奴的和平关系。汉武帝经过充分的准备，联合大月氏，经过几次策略性的战争，终于击败匈奴，以致匈奴呼韩邪单于亲自来汉朝朝拜，求亲议和（今按：呼韩邪单于内附，并非在汉武帝时代），汉武帝一雪前耻，建立了臣服四海的威望。他在五十三年的执政生涯中，在政治、经济、文化、军事、农业、社会及外交等领域均取得了巨大成就。此类‘汉并天下’瓦当就是对这一段历史的最好说明。”又说：“此类瓦当是为了表现汉武帝征服四夷，建立大一统帝国的丰功伟绩而歌功颂德，类似的还有‘汉兼天下’‘惟汉三年大并天下’‘四夷尽服’‘四夷咸服’‘破胡乐哉’瓦当等。”还写道：“《汉书·董仲舒传》载：‘今陛下并有天下，海内莫不率服，广览兼听，极群下之知，尽天下之美，至德昭然，施于方外。夜郎、康居，殊方万里，说德归谊，此太平之致也。’以此可知，‘汉并天下’意为一统天下极其自豪而制瓦称耀天下。”（任虎成、王保平主编：《中国历代瓦当考释》汉代文字卷（三），第504页至第506页）

这样说来，“汉并天下”瓦当的制作年代，有汉初与汉武帝时代两说，则“汉并天下”的意义因此也有不同。无论如何，司马迁对于这种建筑文化表现应当是熟知的。

但是他的著作《史记》中只说“秦并天下”，不言“汉并天下”，其政治史认识的倾向是明显的。

《史记》称“秦并天下”者，可见《史记》卷二八《封禅书》：“……其后百一十五年而秦并天下”，“及秦并天下，令祠官所常奉天地名山大川鬼神可得而序也”。《史记》卷三七《卫康叔世家》：“秦并天下，立为始皇帝。”《史记》卷八六《刺客列传》：“秦并天下，立为始皇帝。”《史记》卷八八《蒙恬列传》：“秦已并天下，乃使蒙恬将三十万众，北逐戎狄，收河南。”《史记》卷九七《郦生陆贾列传》：“乡使秦已并天下，行仁义，法先圣，陛下安得而有之？”《史记》卷一一三《南越列传》：“秦时已并天下，略定杨越……”《史记》卷一一四《东越列传》：“秦已并天下，皆废为君长，以其地为闽中郡。”类似的说法，又有《史记》卷二八《封禅书》：“秦始皇并天下”，“秦始皇既并天下而帝”。以及《史记》卷七三《白起王翦列传》：“秦始皇二十六年，尽并天下。”《史记》卷八七《李斯列传》：“竟并天下，尊主为皇帝。”

而《史记》与“汉并天下”说法相关的文字，只有

《史记》卷九九《刘敬叔孙通列传》一例:“汉五年,已并天下,诸侯共尊汉王为皇帝于定陶,叔孙通就其仪号。”

前引《中国历代瓦当考释》言“《汉书·董仲舒传》载:‘今陛下并有天下,海内莫不率服,广览兼听,极群下之知,尽天下之美,至德昭然,施于方外”语,见于董仲舒“以贤良对策”。汉武帝“览”董仲舒所“对”,“复册之”,涉及对秦政的批判。他说:“殷人执五刑以督奸”,“成康不式”,而“秦国用之”,以致“死者甚众,刑者相望,耗矣哀哉”。对于汉武帝的政治史论,董仲舒在所谓“今陛下并有天下,海内莫不率服”的颂扬之前,附从其赞美周德、斥责秦法之说,发表了对秦政的严厉否定:“武王行大谊,平残贼,周公作礼乐以文之,至于成康之隆,囹圄空虚四十余年”,“至秦则不然。师申、商之法,行韩非之说,憎帝王之道,以贪狼为俗,非有文德以教训于天下也。诛名而不察实,为善者不必免,而犯恶者未必刑也。是以百官皆饰虚辞而不顾实,外有事君之礼,内有背上之心,造伪饰诈,趣利无耻;又好用憯酷之吏,赋敛亡度,竭民财力,百姓散亡,不得从耕织之业,群盗并起。是以刑者甚众，死者相望，而奸不息，俗化使然也。故孔子曰‘导之以政，齐之以刑，民免而无耻’，此之谓也”。(《汉书》卷五六《董仲舒传》)汉武帝与董仲舒的“册”“对”文书，司马迁以其特殊身份，不会没有看到。然而《史记》不采用董说所谓“今陛下并有天下”，可能是有深沉的考虑的。如上文引录，《史记》卷六《秦始皇本纪》和卷八七《李斯列传》两次载李斯语“今皇帝并有天下”，“今陛下并有天下”。后者与董仲舒语句完全相同。《史记》文字，或许体现了对秦史书《秦记》的信赖和尊重。(王子今:《〈秦记〉考识》,《史学史研究》1997年1期;《〈史记〉和〈秦记〉的关系》,《月读》2020年5期)

看来,《史记》作者对于“秦并天下”和“汉并天下”两种说法的态度，区别是鲜明的。有关“秦并天下”言辞的陈说，不惜反复强调，体现出特别的看重。对于所谓“汉并天下”，则保持清醒的态度并不偷和苟容。我们应当理解这种文字表现形式一定是有政治史理念作为确定的意识背景的。很可能司马迁以为，秦实现的统一具有更为重要的历史意义，表现出特别显著的文化影响，真正可以称得上“并天下”。

孙闻博《初并天下：秦君主集权研究》一书“绪论”的最后一段写道：“‘周秦变革’最终确立的政治现实是‘初并天下’。‘并天下’与‘分天下’相对，实际体现着对上古悠久政治传统的取代与突破。作为《太史公书》中实际多次出现的重要表述，这是商鞅‘农战’政策在摇摆波动下实现的雄伟目标；这是秦在上古帝王世系背景下对统一成就的鲜明界定；这是秦君名号不断变动下‘皇帝’名号产生的直接因由；这是君主信物发挥中央对地方权力支配的源源动力。故本书择取此语，以统括诸章。”我认为，作者应当说准确理解了《史记》“初并天下”这一“多次出现的重要表述”用语的深意。以此作为揭示秦政治史若干重大课题的关键，“择取此语，以统括诸章”的处理方式，是适宜的。

《天下之中：秦汉三河区域研究》序

秦汉之际，三河区域名号出现于正史。《史记》卷八《高祖本纪》记载："（汉王二年）三月，汉王从临晋渡，魏王豹将兵从。下河内，虏殷王，置河内郡。南渡平阴津，至雒阳。新城三老董公遮说汉王以义帝死故。汉王闻之，袒而大哭。遂为义帝发丧，临三日。发使者告诸侯曰：'天下共立义帝，北面事之。今项羽放杀义帝于江南，大逆无道。寡人亲为发丧，诸侯皆缟素。悉发关内兵，收三河士，南浮江汉以下，愿从诸侯王击楚之杀义帝者。'"裴骃《集解》解释三河："韦昭曰：'河南、河东、河内。'"《史记》卷七《项羽本纪》记载："汉还定三秦。""春，汉王部五诸侯兵，凡五十六万人，东伐楚。"张守节《正义》："又云'发关中兵，收三河士'。发谓差点拨发也，收谓劫略收敛也。韦昭云河南、河东、河内。申阳都雒阳，韩王成都阳翟，皆河南也。魏豹都平阳，河东也。司马卬都朝歌，张耳都襄国，河内也。此三河士则五诸侯兵也。”汉王刘邦“发使者告诸侯”所言“收三河士”，应是比较早的在正式文告中使用三河区域代号的史例。此言“收三河士”使用三河地理概念，出自很高等级的政治宣言，应为当时社会普遍认同。

三河在后来经济史、行政史和文化史中的地位受到重视，是理所当然的事。

1. 三河的文明基底

周振鹤等《中国行政区划通史·秦汉卷》下篇《西汉郡国沿革考证》的第一章即“司隶部地区郡县沿革”分列 4 节：第一节，京兆尹（渭南郡）、左冯翊（河上郡）、右扶风（中地郡）、弘农郡沿革；第二节，河内郡沿革；第三节，河东郡沿革；第四节，河南郡沿革。其中包括了“三辅”三河地方。“三辅”为行政中枢所在，地位十分重要。政体形式的全面设计，国家管理的高端操作，经济控制的顶级决策，文化导向的终极规划，均在这里发生。而三河则是中原文明基底最深厚的地方。许多学者以为与

“夏”相当的文化遗存，在这里最为集中。两周先后在丰镐地方和河洛地方分别用心经营。西汉定都，曾经有不同建议，而刘邦因娄敬和张良的建议，将行政中心确定于长安。但是，正如《史记》卷一二九《货殖列传》所说：“夫三河在天下之中，若鼎足，王者所更居也，建国各数百千岁，土地小狭，民人众，都国诸侯所聚会……”王莽曾经有“东都”规划（王子今:《西汉末年洛阳的地位和王莽的东都规划》,《河洛史志》1995年第4期）。东汉政治中心则正式向东转移。所谓“西都宾”与“东都主人”关于“汉京”的讨论，体现了当时有关政治重心设置的不同意见（《后汉书》卷四〇上《班固传》）。后来又曾经出现董卓强迫皇室西迁的事件。《三国志》卷六《魏书·董卓传》:“卓以山东豪杰并起，恐惧不宁。初平元年二月，乃徙天子都长安。焚烧洛阳宫室，悉发掘陵墓，取宝物。卓至西京，为太师，号曰尚父。”

河洛地区的经济地位和文化地位，长期与长安地方并列，于是东汉文学名著中，有班固《西都赋》《东都赋》和张衡《西京赋》《东京赋》世代传颂。

李学勤《东周与秦代文明》将“东周时代列国”划分为七个文化圈，即中原文化圈、北方文化圈、齐鲁文化圈、楚文化圈、吴越文化圈、巴蜀滇文化圈、秦文化圈，可以看作区域文化研究的伟大学术发明。其中“中原文化圈”位列第一。李学勤曾经简要说明了“中原文化圈”的历史地位：“以周为中心，北到晋国南部，南到郑国、卫国，也就是战国时周和三晋（不包括赵国北部）一带，地处黄河中游，可称为中原文化圈。夏、商和西周，中原文化对周围地区有很大影响，到东周业已减弱，但仍不失为重要。”（李学勤：《东周与秦代文明》，上海人民出版社2007年11月版，第10页）而所谓“以周为中心，北到晋国南部，南到郑国、卫国，也就是战国时周和三晋（不包括赵国北部）一带，地处黄河中游”的地方，正是“秦汉三河”所在。

《汉书》卷二七中之下《五行志中之下》：“昔三代居三河……”即李学勤说“夏、商和西周，中原文化对周围地区有很大影响”的确定史证。

《史记》卷一四《十二诸侯年表》说“晋阻三河”，

指出在秦人东进的军事扩张历程中三河表现出的战略地位。在秦统一进程中，对于所谓“三晋距秦”（《史记》卷四《周本纪》），与“秦并吞三晋”（《史记》卷二七《天官书》）的战争史记忆，都可以说明这一情形。《汉书》卷九《元帝纪》可见“益三河大郡太守秩”的政策，“三河大郡”之说，明确显现了在汉代行政史中三河的特殊地位。

2.“三辅”“三河”与“六辅”

“三辅”“三河”并说的情形，见于《汉书》卷一〇《成帝纪》、《汉书》卷一九上《百官公卿表上》、《汉书》卷二九《沟洫志》，《后汉书》卷二五《鲁恭传》李贤注引《汉官仪》、《后汉书》卷六五《张奂传》李贤注引《汉官仪》、《后汉书》卷八七《西羌传》。崔建华著《天下之中：秦汉三河区域研究》注意到韦昭“六辅”的说法，以及《南齐书》所谓“西京炽强，实基三辅；东都全固，实赖三河”，对于我们认识三河的地位及其与“三辅”的关系，又有很好的提示。

3. 三河的经济与交通

《天下之中：秦汉三河区域研究》是研究秦汉时期三河区域史比较有分量的学术专著。作者比较全面地总结了相关学术史迹象，有所分析，有所借鉴，有所批评，有所推进。重视三河地方生态环境条件的考察，是值得表扬的特点。对于三河盐业资源、矿产分布的分析，对于三河农业基础、交通优势的分析，都别开生面，读来颇有意味。有关三河“寇贼”“酷吏”“儒林”“游侠”分别进行的文化地理的论说，以及三河人士在其他地方活动及其社会影响的评价，也有相当重要的学术价值。作者尽可能充分利用考古资料的学术风格，也是这本著作取得成功的主要因素之一。

三河地方的交通地位非常重要。其重心地方洛阳史称“天下冲阸，汉国之大都也”（《史记》卷六〇《三王世家》）。《天下之中：秦汉三河区域研究》涉及“关”与军事路线以及“区域管控”的内容，都聚焦于交通史主题。而有关“秦汉时期黄河砥柱段漕运的发生与展开”一节，

“三河地区对边地事务的参与”一节，都直接切入交通史的具体个案，实现了值得肯定的学术进展。

秦汉三河地方的区域文化风格以及涉及生态条件、经济民生、行政管理诸多方面的历史景观，既有共性，也有个性。通过《天下之中：秦汉三河区域研究》作者的考察思索，我们可以看到立足于学术前沿的创新追求。

4. 区域史与区域文化研究的新进步

我曾经承担国家社会科学基金资助课题“秦汉区域文化研究”（项目编号：92BZS012），最终成果《秦汉区域文化研究》出版时，承史念海先生赐序。我在拙著前言中曾经提出这样的意见：“区域文化原本是传统史学相当注重的研究课题之一。区域文化研究的成果，又曾经从中分化成为舆地学、方志学的重要内涵。近数十年来，这一研究领域相对冷落，近年才出现重新繁荣的趋势，在研究内容和研究方法等方面，均较前有所突破。不过总的来说，研究亟待进一步深入。目前，似乎有这样三个方面的偏向应当予以纠正：一是没有能够避免片面地非客观地夸大本地区文化的历史作用的倾向；二是没有能够从总体的角度把握历史上区域文化间的联系以及与统一文化之间的关系；三是没有能够将文献资料和考古资料很好地结合起来。”（王子今:《秦汉区域文化研究》，四川人民出版社1998年10月版，第1页）现在看来，我们期望的学术进步，正在逐渐实现。近年汉代区域文化研究的繁荣，早已远远超过预期。而《天下之中：秦汉三河区域研究》是我们看到的诸多论著中比较好的一部。

对区域史与区域文化研究的关注，是历代史学家长久看重的学术传统。自《禹贡》以来，行政史视角的区域史观察，因赋役制度的关系自然涉及经济史，出于行政管理的考虑，也与区域文化的“风”“俗”主题密切相关。司马迁在《史记》卷一二九《货殖列传》中的相关论述堪称典范。班固《汉书》卷二八《地理志》有所继承，服务行政的特点尤为突出。在《史》《汉》论说基础上，《天下之中：秦汉三河区域研究》有关区域学术的探讨，显然值得鼓励。区域史关注很早就形成了运用综合方法的全方位考察的特点。《天下之中：秦汉三河区域研究》为“秦汉全局视野中的三河地区”专列一章，也是值得肯定的设计。书中运用统计学方式，提供了在认真的信息归纳整理基础上得到的一些认识。书后 6 种附表，都体现出作者进行了细致的工作。

我以为，《天下之中：秦汉三河区域研究》是一部有重要价值的成功的学术专著。我们在向作者表示祝贺的同时，也希望在今后的研究工作中，作者能够有新的发明，获得新的成就。

“史记学”新的里程碑

《史记研究集成》的“十二本纪”部分承西北大学出版社推出，隆重面世，是《史记》研究在中华书局 2016 年新点校本之后又一重大成果，必将推动学术进步，提升文献学和史学史的研究水准。

1.《史记研究集成·十二本纪》的学术意义

感谢徐卫民、张新科等先生付出的辛劳。他们持之以恒辛苦多年的努力，值得学界敬重。徐晔先生主持工作的陕西省人民政府参事室的切实指导、大力促成和西北大学出版社马来、张萍等出版家们的精心设计、认真编校，使得这部兼具史学、文学、文献学、史学史、文学史多方面学术意义的论著得以出版，史学与文学学人们都会衷心感谢。而张岂之先生、袁仲一先生、柳斌杰先生、郑欣淼先生、安平秋先生的关心指导甚至直接介入，都是这项成果完成的重要条件。而这个学术工程起初立项，与时任陕西省副省长的历史学者孙达人的学术识见有关。

我在几年前接触过这部著作的稿本，现在看到正式出版的定本，感觉有明显的学术进步。这应该看作作者和出版方成功合作的工作创获。西北大学出版社对于这部著作带有挽救性质的处理，表现出敏锐的学术眼光，准确的学术判断，干练的学术魄力，开明的学术胸怀，高度的文化责任心，以及对作者劳动的充分尊重。现在看到面前这部大著，我作为普通读者，愿意表达对作者和出版家的衷心祝贺和真诚感谢。

当然，希望《史记研究集成》这部大书的其他部分能够以更高的学术质量面世。

2.《史记》研究的广阔空间

《史记研究集成·十二本纪》出版不仅提供了《史记》研究的新资料，对《史记》研究也起到了促进和鼓舞作用。我自己是以秦汉史作为主要研究方向的。研究进程中的每一步，都需要从《史记》这样的基本的秦汉史料中发掘历史文化信息。专门的《史记》研究，曾经出版《史记的文化发掘：中国早期史学的人类学探索》（湖北人民出版社 1997 年 10 月版）和增订本《千秋太史公：司马迁的史学与人类学》（书海出版社 2018 年 2 月版），现在承担中华书局《月读》“《史记》讲座”的任务，每个月提供一篇文章，大致已经一年。已经刊出的小文，有《〈史记〉对“浮辞”“浮说”的批判》《〈史记〉记录的帝王身体史信息》《〈史记〉说“汗”》《太史公笔下的“蚕”》《〈史记〉对“大疫”“天下疫”的记录》《〈史记〉中关于“鼠”的故事》《〈史记〉和〈秦记〉的关系》《〈史记〉最早记录了蝗灾》《〈史记〉论“天下一统”“海内一统”》《〈史记〉书写的秦工程史》《“好会”:〈史记〉记述的和平外交》《“鲁缟”“蜀布”:〈史记〉所见纺织业地方品牌》《“谣”“谚”:〈史记〉的民间舆论关注》《〈史记〉说“蜂”与秦汉社会的甜蜜追求》《〈史记〉的长平杀降批判》等。这样持续一两年的工作，也会集成一本小书。近年其他已经发表和待刊论文，还有《史家的“童心”:〈史记〉阅读体验》《太史公笔下刘项的心思和表情》《关于刘项“不读书”》《童年司马迁的“耕牧”生活》《秦史学史的第一页:〈史记〉秦文公、史敦事迹》《孔鲋的文化立场》《〈史记〉“失期,法皆斩”辨疑——关于陈胜暴动起因的史学史考察》《〈史记〉丝路酒香》《论孔鲋》《政论与史论:秦政治人物关于“史”的对话》等。在这里说这番话,是想表达这样的意思:《史记》研究其实有非常可观的学术空间,还有许多学术主题等待我们思考、探索、研究、理解,并且予以说明。今后的学术工作可以因《史记研究集成·十二本纪》出版得到新的资料,得到新的启示,这当然是非常高兴的事情。

3. 对推进《史记》研究的几点建议

这里借《史记研究集成·十二本纪》出版的机会,提出以下三点建议:

第一,《史记》研究近几十年有相当多的研究成果,但是良莠不齐,且大多零散不成系列。西北大学出版社可以考虑出版《史记》研究书系,整合学术力量,进行适当规划,推出可以形成学术影响的系列性丛书。建议考虑以《史记》研究为主题的博士学位论文的修改、充实、提升和出版。

第二，西北大学出版社可以适时推出社会需要、学界需要的《史记》研究名著。或许可以成组出版，或以丛书形式出版。如郭嵩焘《史记札记》、金德建《司马迁所见书考》等。现在都是学界需求但难以得到的《史记》研究成果。还可以做这样的事，组织安排完成陈直《史记新证》的补写。陈直《汉书新证》有两版，台湾彰化师范大学陈文豪教授完成过对这两版《汉书新证》的比照研究。而《史记新证》只出版过一版，分量远较《汉书新证》单薄。可以考虑请青年学者完成《史记新证补》，收纳在《史记新证》出版之后的新出文物资料。对于陈直先生原著因当时时代条件所限出现的疏误，也可以适当纠正。此书完成，会有比较重要的意义。另外，杨树达《汉代婚丧礼俗考》是秦汉史研究名著，有意思的是，书中所论，《史》《汉》共有的史料，作者引《汉书》而不引《史记》。这与作者的学术积累有关，也与"《汉书》学"较早盛起，优先于《史记》研究有关。如果有学者就此进行分析，出一版以附注形式引录《史记》的本子，并进行相应考察和说明，或许也是有积极意义的。

感谢韩城市的朋友为这次活动提供了这么好的条件。我的第三条建议，是希望韩城市建设高等级的、具有世界影响力的太史公纪念馆、司马迁纪念馆，或者《史记》纪念馆，陈列一些汉代文物，包括对于秦汉经济史、交通史意义重大的澂邑仓储设施瓦当，对于秦汉生态史、秦汉园林史意义重大的“扶荔宫令辟与天地无极”汉砖、芝川汉铁官出土文物等。此外，尽可能收集司马迁研究和《史记》研究的论著，同时建设司马迁研究和《史记》研究的数据库。以省人民政府参事室指导，西北大学出版社予以支持。这样可以看作“功德事”的学术贡献，将得到社会的普遍认可，得到学界的普遍认可。

4. 关于司马迁“耕牧河山之阳”

另外，还有一个想法在这里谈一谈，我认为是司马迁研究的一个重要主题，可能以往有所忽略。《史记》卷一三〇《太史公自序》中，司马迁在回顾自己生平时写道：“迁生龙门，耕牧河山之阳。年十岁则诵古文。二十而南游江、淮……”司马迁非常明确地记录了他在十岁以前“耕牧”劳动的经历。我曾经撰写过以秦汉时期的儿童劳动与劳动儿童为主题的论文，很惭愧，竟然忽略了这条史料。后来完成的拙著《秦汉儿童的世界》《插图秦汉儿童史》方才采用了这一记述。司马迁童年的“耕牧”生活，对于我们认识秦汉时期未成年人生活史，有重要意义。对于司马迁文化理念的形成，历史意识的凝练，社会立场的表现，以及他人生事业的开端，这是不宜忽视的重要信息。对于我们理解中国古代史学史、中国古代教育史来说，也有重要意义。梁启超赞美《史记》的“国民性”，侯外庐等赞美《史记》的“人民性”，《史记》这些文化特质的形成，与我们现今可能还没有能够完全理解的司马迁对体力劳动的特殊感觉，与底层劳动者的特殊亲近有密切关系。我们在《史记》研究、司马迁研究中应当注意这一主题。也希望韩城的朋友们在讲解、介绍说明司马迁的人生历程和文化贡献的时候，突出说明一下司马迁十岁以前“耕牧河山之阳”的重要人生体验。这对于补足当今教育多所忽略的劳动教育的提示，也是有积极意义的。

长安“方春”季节与秦汉人的少年心

上海人民出版社“论衡”书系推出不少好书，周振鹤《天行有常：周振鹤时评集》、王振中《从黄山白岳到东亚海域：明清江南文化与域外世界》、谭徐锋《察势观风：近代中国的记忆、舆论与社会》、郭永秉《金石有声：文献与文字断想》等，都得到很多好评。2021 年 8 月，两种拙著《长安碎影：秦汉文化史札记》《上林繁叶：秦汉生态史丛说》得附骥尾，也有幸随之面世。有朋友吩咐撰文，谈一谈《长安碎影》是如何勾勒“中国文化少年时期的情状和精神风貌”的。受命援笔，说几点想法。

此前我曾经出版过两种随笔集，《秦汉闻人肖像》和《秦汉文化风景》。落笔杀青先后，深知如果试图通过一些零碎散漫的文字向读者描绘一个伟大时代的文化风貌，无疑是妄想。但是严肃说来，尽管有若干种以秦汉为主题的鸿篇巨制出版，但我们对秦汉时期文化史的认识，其实还是片断的、局部的、浅薄的、不完整的。也许用看似碎小散乱但尽可能细致生动的画面，让读者能够从不同视角比较真切地了解所关心的历史文化对象，是有意义的。《长安碎影：秦汉文化史札记》用一“碎”字，与这样的想法有关。

1.“方春蕃萌”

汉代瓦当有“方春蕃萌”文字。《秦汉文化风景》曾收入短文《方春蕃萌：秦汉文化的绿色意境》，从这一瓦文出发，讨论了秦汉人爱护生态的开明理念以及秦汉人心境中的自然意趣，对于秦汉文化风格也有所涉及。鲁迅说，“遥想汉人多少闳放”，“毫不拘忌”，“魄力究竟雄大”。对于我们民族文化在当时表现出来的时代精神，称之为“豁达闳大之风”（《坟·看镜有感》，《鲁迅全集》，人民文学出版社 1981 年版，第 1 卷，第 208 页至第 209 页）。秦汉时期，是中国文化的“方春”季节，是中国文化的“少年”岁月。梁启超《少年中国说》关于“我国民少年时代良辰美景、赏心乐事之陈迹”，就曾经回顾“秦皇汉武，若何之雄杰”（张品兴主编:《梁启超全集》，北京出版社 1999 年 7 月版，第 1 册，第 409 页）。

鲁迅关注秦汉遗存，尤重视汉画，以为“颇可供参考”(《1934 年 2 月 20 日致姚克》,《鲁迅全集》，第 13 卷，第 29 页)。他希望通过这些文化迹象求得“涵养”，实现“艺术”的“真切，深刻”。对于艺术创作，也曾明确建议“参酌汉代的石刻画像”。鲁迅是在书信中与对方讨论“中国精神”时发表这样的认识的(《1935 年 2 月 4 日致李桦》,《鲁迅全集》，第 13 卷，第 371 页至第 373 页)。他赞赏“惟汉人石刻，气魄深沈雄大”，认为“倘取入”现代艺术，“或可另辟一境界也”。(《1935 年 9 月 9 日致李桦》,《鲁迅全集》，第 13 卷，第 539 页）这样的意见，认识基础是对“汉代”文化精彩内涵的深入体会。

2. “少年时代”

鲁迅所谓“闳放”和“雄大”，其实既可以看作对秦汉社会文化风格的总结，也可以看作对当时我们民族心理、民族性格、民族精神的说明。而进取意识、务实态度、开放胸怀，也是这一时期社会文化的基本风格。当时的人们，从某种意义上可以说比后来一些历史阶段可能有更多的率真，更多的勇敢，更多的质朴，更多的刚强。这可能就是鲁迅所谓“多少闳放”“毫不拘忌”。而我们国民性中为近代激进学者所深恶痛绝的虚伪与懦弱、曲折与阴暗，以及鲁迅在记述儿童表情时用较和缓的文字所说的“拘谨，驯良”（《且介亭杂文·从孩子的照相说起》，《鲁迅全集》，第 6 卷，第 83 页），“精神萎靡”（《南腔北调集·上海的儿童》，《鲁迅全集》，第 4 卷，第 580 页），似乎在秦汉时期还并没有明显的表现。如果追溯“我国民少年时代”，应当重视秦汉文化的考察。

李大钊在《“今”与“古”》一文中介绍了“倍根”的说法，“他说我们称为古代而那样常与以崇敬者，乃为世界的少年时期”。又引“圣骚林”说：“古代的世界，是个只有少许的花的春。”（《李大钊史学论集》，河北人民出版社 1984 年 9 月版，第 158 页、第 162 页）理解秦汉时期乃中国历史“少年时代”和春天季节的意义，可以参考如下史论。柳诒徵《中国文化史》写道：“（汉代）足以生国民宏大优美之思想”，“比而论之，其学术文艺，犹有千门万户之观”。“自汉以降，则为我国文化中衰之时期。”“要其发荣滋长之精神，较之太古及三代、秦、汉相去远矣。”（上海古籍出版社 2001 年 10 月版，第 352 页、第 389 页）吕思勉《秦汉史》分析经济与社会史迹象，则说:“秦、汉之世，……资本势力，正当如日方升之时”，“自晋以后，……则社会之病状，渐渍益深”。（商务印书馆 2010 年 12 月版，第 4 页）翦伯赞《秦汉史》重视战国以来“中原诸种族鼓其青春健壮的历史活力，企图扩展他们的天地”，而“四周诸种族向中原压迫”的情形，以为历史的合力，“造成了当时中国史的紧张性，并从而触发了中国史的全面运动”。他把当时“中原”与“四周”的文化交汇比喻为“卵黄”和“卵白”，以为汉文化正如这种“血肉相连的”“有机构造”，在这一时期形成了。“当秦之时，中国的历史，正在发生一种适当的温度，来孵化这个鸡卵。所以到西汉之初，鸡雏遂破壳而出，是为汉族。”（北京大学出版社 1983 年 5 月版，第 17 页）“方春”季节万物“发荣滋长”，“适当的温度”使得秦汉新的文明“破壳而出”。秦汉的进步，借用李大钊《史学要论》中的话，正是“活的历史”，“有他的永续的生命”。(《李大钊史学论集》，第 198 页)

3. 秦汉人的“童心”

对于历史的观察和文化的理解，贵有“童心”。发现历史人物的“童心”，也很重要。《左传》有“昭公十九年矣，犹有童心”之说。《史记》沿承了这一记载。《鲁周公世家》:“昭公年十九，犹有童心。”也是较早使用“童心”这一词汇的文献。不过,《左传》以批评的语气言“童心”。《史记》却没有表现否定性倾向。裴骃《集解》引东汉学者服虔对“有童心”的解释是“言无成人之志，而有童子之心”。李长之《司马迁之人格与风格》就司马迁与汉武帝进行比较，注意到这两位历史名人的共同之处:“汉武帝之求才若渴，欣赏奇才，司马迁便发挥在文字上。汉武帝之有时而幼稚，可笑，天真，不实际，好奇，好玩，好幻想，司马迁也以同样的内心生活而组织成了他的书。”所谓“幼稚”“天真”“好奇”“好幻想”，可以理解为“童心”的表现。也许汉武帝和司马迁所生活的时代，有一种社会共同的“童心”或者说“童子之心”。

在秦汉时期的历史文化遗存中，可以看到若干长安人童年生活的生动画面。《长安碎影》中《童话“金屋藏娇”》《汉代神童故事》《长安的“少年”和“恶少年”》几篇就未成年人生活这一文化主题有所讨论。相关话题，在拙著《秦汉儿童的世界》《插图秦汉儿童史》中有的已经说到，收入本书，希望笔调有所变换，方便更多读者有兴趣关注。这几个题目，分别涉及宫廷制度、情感生活、文化教育、行政方式，以及更广阔社会层面“少年”的表现。“恶少年”又称为“悍少年”“暴桀子弟”“轻薄少年恶子”，其心理有临近青春期的叛逆表现。“恶少年”“悍少年”的行为往往破坏都市治安，甚至成为“盗贼恶少年”。所谓“少年”“任侠”风习，也是游侠的社会文化基础。

4. 长安碎影

集于《长安碎影》的 34 篇小文，正如一篇标题《咸阳——长安文化重心地位的形成》所说，一些内容是讲述“长安”地方在秦汉时期的文化优胜地位的。若干故事，涉及秦孝公、商鞅、孟尝君、燕太子丹、秦始皇、秦二世以及刘邦、项羽、贾谊、司马迁等人物。其中《咸阳与郢的联系及“秦客公孙鞅”使楚》《孟尝君在咸阳》，提示了通过文物研究新发现的历史文化信息。咸阳、长安的秦汉建筑遗存，这本书中有关于“冀阙”“秦城”“汉寝”的讨论。《大汉奇华》一文评论了陕西出土汉代玉器及其研究。《秦汉文物研究的学术向导：仰观〈仰观集〉》是为孙机先生《仰观集》写的书评。通过生动具体的文物资料理解秦汉历史文化，不少学界先行者迈出了第一步。《长安碎影》有所赞扬的白云翔著《秦汉考古与秦汉文明研究》，也是学术质量相当高的论作。追随这一学术正途的导引，新进学子如果继承前辈的科学风格、务实精神和谦逊态度，其学术前景或许可以有比较乐观的预计。

《长安碎影》前有短序，说到书中《踏行秦始皇直道》一文的写作缘起。这是我主编的“秦直道丛书”（陕西师范大学出版总社 2018 年 8 月版）面世之后，发表于《光明日报》2018 年 11 月 18 日“悦读”版的“著书者说”。

秦始皇直道可以看作“秦政的纪念”。司马迁行走直道，为我们留下的有关这一工程的真实记录，是值得珍视的文献遗存，而几代学者的多次考察，也收获了交通考古的成果。文中“直道：司马迁的足迹、笔迹和心迹”一节分析了早期史学有关帝制时代皇权与民心的理性判断。一句“固轻百姓力矣”，使我们感受到清醒开明的史学家的批判精神。秦汉历史“青春期”的粗暴凶残等迹象，是司马迁时代就有所指摘的。序文回顾了 1990 年暑期我们西北大学考古专业 77 级四个同学徒步考察秦直道南段的情形。好友张在明有诗作：“最忆当年子午巅，热血四人正青年。探秦反把秦皇骂，一吐块垒震万山。”《长安碎影》小序写道：“在明诗句保留了我们当年考察记忆中印痕至深的画面。”“感慨世态变幻，弹指一挥，时隔竟已 21 年。”后来幸得好友指出，“21 年”实为“31 年”之误。一错竟然 10 年，老人著书，不免见事晚，智识浅，而又如此粗心，实在是太惭愧了。

『秦汉之规摹』：
帝制时代的社会文化

“娘娘滩”传说与“富贵万岁”瓦当

河曲县有“娘娘滩”，是黄河两分流之间的狭长岛洲。2021年9月我们沿黄河的考察，一路看到了若干的滩、礁、碛，但是这次是第一次乘上渡船，踏到河中央的土地上。水流十分湍急，我们一行渡到滩上，船工师傅说船的动力不足，稍有危险。回程时，大家只能分两次摆渡。

大概前夜有暴雨，或者河水曾经漫上来，一路泥泞。从路面低洼处积水中有小鱼可以推知，应当是河水冲到了岛上。我的拖鞋多次陷入淤泥，拔不起来。

1.“娘娘滩”的“汉薄太后祠”

“娘娘滩”上有古庙。庙前有清同治十一年《重修汉后庙碑记》，其中大致写道：“重修汉薄太后祠碑记。县东北十五里罗圈堡下有祠焉，祀汉文帝母薄太后。太后之碑以得祀于此。舆邑以之所以祀太后者，旧志及《汉瓦考》

并各碑记言之甚详，兹不赘叙。祠所在娘娘滩上。明正统纪元之岁，总戎李公谦因河水奔腾，不便修复，相厥地址，改建于斯。嘉靖甲寅、万历丙申□经河保营参戎王公怀□林公□次第兴修克臻完善，逮国朝顺治辛卯、乾隆庚戌、咸丰辛酉屡加补葺轮奂攸□。同治戊辰，回逆扰及秦□，旋调各营勇丁沿河驻扎。庚午闰十月，勇丁不戒，于□□□回□之灾，正殿三楹，悉□唯土。锐□左营□捐银□两工兴役□半载而正殿落成。他如南北庙、钟鼓楼绰楔碑亭，俱仍其旧。内则丹青□□外则黝垩未施，遽令古庙，松楸黯然……”

碑文大略介绍了庙祠的来历，以及建筑施工的因由。传说汉文帝母薄太后曾经在这里居住，应当是不可能的。我们在山陕考察，沿途参观革命遗址，有领导人“故居”“路居”的区别。根据历史考察，说薄太后“路居”于此，其可能性也是不太大的。

2.“薄姬”“先贵无相忘”之约

薄太后是一位经历复杂的女子。汉军和楚军在荥阳一带相持时，汉王刘邦指派韩信以左丞相身份从关中渡河奇袭魏王，平定魏地，形成了对汉军的侧翼支持。

韩信“取平阳，得魏王母妻子，尽定魏地”，所谓“魏王母妻子”的命运，在《史记》中也可以发现有意思的信息。比如魏王豹身边的女子薄姬，就特别值得注意。《史记》卷四九《外戚世家》：“及诸侯畔秦，魏豹立为魏王，而魏媪内其女于魏宫。媪之许负所相，相薄姬，云当生天子。”相人者为薄姬相面，预言这个女人将来会“生天子”，使得魏王豹萌发了政治野心。“是时项羽方与汉王相距荥阳，天下未有所定。豹初与汉击楚，及闻许负言，心独喜，因背汉而畔，中立，更与楚连和。”魏王豹本来从属刘邦一同击楚，因为这一预言叛汉归楚。于是有左丞相韩信和假左丞相曹参率军攻魏的战事发生。“汉使曹参等击虏魏王豹，以其国为郡，而薄姬输织室。豹已死，汉王入织室，见薄姬有色，诏内后宫，岁余不得幸。”司马迁记述，薄姬和她的闺蜜先前曾经有约：“始姬少时，与管夫人、赵子儿相爱，约曰：‘先贵无相忘。’”这种约定，类似陈涉所谓“苟富贵，无相忘”。“已而管夫人、赵子儿先幸汉王。汉王坐河南宫成皋台，此两美人相与笑薄姬初时约。汉王闻之，问其故，两人具以实告汉王。”刘邦因此心生哀怜。“汉王心惨然，怜薄姬，是日召而幸之。薄姬曰：‘昨暮夜妾梦苍龙据吾腹。’高帝曰：‘此贵征也，吾为女遂成之。’一幸生男，是为代王。其后薄姬希见高祖。”

薄姬故事关于魏王豹自刘邦集团反叛的因由，又有薄姬“当生天子”传说致使“心独喜，因背汉而畔”的说法。而韩信破魏使得薄姬后来入于汉王“后宫”，偶然的情爱际遇，竟然成就了后来实现“文景之治”历史重要进步的机缘。

3.“太后家薄氏谨良”与刘恒登帝位

薄姬后来果然“生天子”，这就是成就“文景之治”的汉文帝。吕后去世，汉文帝刘恒时在代王任上，朝中老臣合谋诛灭吕氏集团，迎刘恒往长安登帝位。选择代王刘恒的出发点，据说是：“代王方今高帝见子，最长，仁孝宽厚。太后家薄氏谨良。且立长故顺，以仁孝闻于天下，便。”（《史记》卷九《吕太后本纪》）由于刘恒“仁孝宽厚”得以入选，而基于吕后专权的教训，“太后家薄氏谨良”，也是刘恒入主长安的重要条件。有人说，齐悼惠王是高帝长子，今齐王是其嫡子，作为高帝的嫡长孙，可以立为帝。大臣们都说，吕氏正是以“外家恶”而几乎危害宗庙，伤及功臣的。今齐王母家驷氏，而驷钧，恶人也，如果立齐王，必然是又生成一个吕氏。又有人提议立淮南王，也因为当时尚年少，母家也有“恶”的形象，于是遭到否决。

刘恒是汉高祖刘邦和薄氏所生子，公元前179年，以代王身份入主长安，成为西汉王朝的皇帝。刘恒由藩王地位上升为汉帝，具有地方行政经验和比较了解底层社会情状的知识基础，又能够谦虚谨慎，节俭克己，勤政安民。他开创了比较清和、明朗的新的政治风尚，得到历代好评。司马迁在《史记》卷一〇《孝文本纪》最后以“太史公曰”形式发表的历史总结中，以孔子善人治国“胜残去杀”的话赞美汉文帝，又感叹道：“汉兴，至孝文四十有余载，德至盛也。”“呜呼，岂不仁哉！”

4.“薄昭迎皇太后于代”

丞相陈平、太尉周勃等人派人迎代王时，刘恒心疑不能决，身边重臣各有异议。代王又与太后商议，依然犹豫不定。又问卜于龟，得吉兆。于是代王派遣薄太后的弟弟薄昭往见绛侯周勃。绛侯周勃向薄昭详细说明了迎立代王的原由。薄昭回报刘恒说，大臣们的诚意可信，没有什么可以怀疑的。后来刘恒才谨慎地前往长安即位。

从薄昭的表现看，薄太后的作用是明显的。刘恒即皇帝位之后，“遣车骑将军薄昭迎皇太后于代”。接母亲薄太后来到长安。

代国的行政中心在中都，据《史记》卷一〇《孝文本纪》张守节《正义》引《括地志》：“中都故城在汾州平遥县西南十二里，秦属太原郡也。”薄太后从代国往长安，不可能经由今天的河曲，更不可能在河中之洲停宿。《史记》卷一〇《孝文本纪》记载，汉文帝在三年（前 177）五月重返旧地时，“自甘泉之高奴，因幸太原”，也绝不会北行河曲地方。

5. 薄太后的政治作用

后来汉文帝“封将军薄昭为轵侯”，也是一种示意“仁孝”的政治表态。确实，在汉文帝执政期间，薄太后长期坚持“谨良”的原则，没有对朝政有什么直接的干预。只是汉文帝表示要亲自以统帅身份率军进击匈奴时，群臣劝谏，都不听从，后来薄太后出面强行阻止，汉文帝于是被迫放弃了这一主张。

还有一个例证，可以说明薄太后对汉文帝的影响。有一次，汉文帝从霸陵上西行长安，试图纵车“驰下峻阪”，以享受飞速驰行的快感。中郎将袁盎骑马与帝车并行，紧紧拉住汉文帝乘车驾马的辔。汉文帝说：将军胆怯了吗？袁盎回答：臣听说民间习俗，为了人身安全，千金之子不坐在堂室的边缘，担心檐瓦坠落；百金之子不依靠在栏杆边，担心栏楯折断。圣主应当警惕危难，回避险情，不应当希图侥幸。现今陛下驾着六匹骏马，驰下高山，如果马匹受惊，车辆损坏，陛下固然可以轻看自己的生命，然而怎么对得起国家，对得起太后呢？臣下以太后作为劝谏的因由，汉文帝于是听从了袁盎的意见，下令勒马缓行。

6. 薄太后南陵发现

薄太后虽然“谨良”，但是并非没有自己的个性。考古工作者在薄太后南陵20号从葬坑中发现了大熊猫头骨和犀牛骨骼（王学理:《汉南陵从葬坑的初步清理兼谈大熊猫头骨及犀牛骨骼出土的有关问题》,《文物》1981年11期;《汉“南陵”大熊猫和犀牛探源》,《考古与文物》1983年1期）。以熊猫和犀牛作为豢养的宠物，可以推知这位皇族妇女的性格爱好有比较特别的一面。

随着汉文帝霸陵陵园位置的确定以及周边区域的勘探与发掘，考古学者在薄太后南陵的外藏坑中又发现了动物骨骼，包括金丝猴、猕猴、丹顶鹤、鹰、雕、野鸭、狍子、野兔、陆龟等。随着考古工作的进行，也许还会有更多的发现。

7.“富贵万岁”瓦当

“娘娘滩”确实存在古代建筑遗址。我们看到了这里出土的“富贵万岁”瓦当实物。除了一件完整的以外，还有几件残破的。残件与完整的瓦当对比，“贵”字的写法竟然有多种。这就是说，遗址使用的“富贵万岁”瓦当，可能并非一次制作。据当地朋友告知，此种瓦当出土过多次。

经查找，发现中国美术出版社 1983 年 10 月版、华非编著的《中国古代瓦当》一书收入了此瓦当。这件“富贵万岁”瓦当，列入“汉代文字瓦当”中，编号为 168，释文作“万岁富贵”。因为编者的疏误，“汉代文字瓦当”题下多有后世瓦当。这些瓦当都没有注明发现地点。从这件“富贵万岁”瓦文的字迹看，应是北朝时代作品。任虎成、王保平主编《中国历代瓦当考释》收有几例文字相同者，或释为“富贵万岁”，或释为“万岁富贵”，均言出自邺城，以为曹魏瓦当。但是图案设计和文字形式颇有不同。大概北朝习用“富贵万岁”吉语。赵瑞民教授正确地指出，根据大同方山思远浮图遗址发掘品，可以证明“娘娘滩”出土的“富贵万岁”瓦当是北魏遗物。

从出土“富贵万岁”瓦当判断，大概在北魏时期，这里已经有了比较高等级的建筑。建筑以纪念汉文帝的母亲薄太后为主题，也就是说以薄太后为祠祀对象，应当是有很大可能的。这一情形如果通过认真考论，得到更为详尽的说明，或许可以为北魏时期北方民族关系交往、交流、交融的历程，提供更生动鲜活的历史文化信息。

要知道，汉文帝虽然得到“胜残去杀”“德至盛也”的历史赞誉，但是他曾主持代国军政，承担抵挡匈奴南下的正面压力。代国长期处于匈奴军事文化的强辐射区，是抗击匈奴南侵的主攻力量，这是关注汉初历史的学者不能忽视的历史事实。正如《史记》卷一一〇《匈奴列传》所说，“至冒顿而匈奴最强大，尽服从北夷，而南与中国为敌国”，“单于之庭直代、云中”。汉文帝即位之后，又曾经有出击匈奴的战略计划。

薄太后庙祀所体现的文化意义，从民族史交往、交流、交融关系的视角考察，是值得深思的。而薄太后南陵外藏坑新近勘探发掘获得多件具有明显草原民族文化风格的金器，许多金饰上有马、熊等动物的图像。这些发现，可以说明文帝时代汉王朝权力集团中的这位身份显赫的女性，对于北边游牧民族的文化，是曾经心怀亲近和友好态度的。

《权力的黑光》三版后记

1985年3月至2003年3月，我曾经在中共中央党校工作18年。起先在马洪谟教授主持的经济史教研室，后来转入文史教研部历史教研室。在此期间，曾经承担中共中央党校新疆民族干部班、西藏民族干部班“中国思想史”“中国通史”“中国经济地理”和理论宣传干部班、中青年干部班及面向全校的以中国传统政治文化为专题的必修讲座和选修讲座，以及政治学专业研究生“中国政治思想史”等课程。为适应教学需要，当时读书思考，也比较关注中国传统政治文化这一学术主题。

十数年学术心得，曾经有一些以中国古代政治文化为研究主题的论文在《政治学研究》《世界宗教研究》《学术界》《战略与管理》《毛泽东邓小平理论研究》《毛泽东思想研究》《中国社会科学季刊（香港）》《文史》《读书》《人文杂志》《中共中央党校学报》《中国党政干部论坛》

《政法论坛（中国政法大学学报）》《光明日报》等报刊发表。

1. 秦汉政治史的思考

有些论文在自己的主要学术方向秦汉史范畴之内，如《秦王朝关东政策的失败与秦的覆亡》《汉武帝的政治思想和政治实践》《两汉流民运动及政府对策的得失》《秦代专制政体的奠基和“忠”的政治规范的定型》《晚年汉武帝与“巫蛊之祸”》《贾谊政治思想的战略学意义》《两汉的少年吏》《汉代的行政监察形式》《汉初查处官员非法收入的制度——张家山汉简〈二年律令〉研读札记》等。

后来还有一些论文，以秦汉史具体问题为主题，如《汉代早期道教对社会政治生活的参与和干预》《汉代儒学的神学色彩》《秦汉时期法家的命运》《王咸举幡：舆论史、教育史和士人心态史的考察》《吕太后的更年期》等。凡是研究重心，在于秦汉时期生态环境研究、秦汉时期边疆与民族问题研究、秦汉时期海洋文化研究、秦汉时期丝绸之路交通史研究方面。然而政治文化方面的考察、理解和说明，一直萦系于心。用力比较集中的工作，自然是我担任首席专家的国家社会科学基金重大项目“秦统一及其历史意义再研究”（项目编号：14ZDB028）。这一项目已经结项，结项鉴定等级为优秀。

2. 传统政治文化的宏观考察

有些成果则溢出秦汉史研究之外，尝试进行稍微宏观一些的思考，如《中国古代的意识形态管理》《历代“托古改制”的文化背景分析》《祭政合一制度与中国古代政治迷信》《中国古代的功臣政治及其文化背景》《中国传统文化的泛政治主义特色》等。

2003 年之后，先后在北京师范大学和中国人民大学工作，政治史依然是读书思考的关注点之一。

《论历史上的“德治”与“刑治”》《昌蒙读史》《毛泽东论析秦始皇》《毛泽东品题曾国藩》《唐人历史意识中的“文景之治”印象》《“造反”的词汇史》等文章的写作，保留了考察重心在于由秦汉政治史至于中国古代政治文化的学术心迹。涉及较长时段政治史的有些想法，是曾经计划再作进一步的拓展的，如小文《中国历代“官数”问题》《中国古代的政治笑话》等，都一度设想为视角更宽广历史分析和历史总结的基点。可是由于多种原因，最终放弃了原先的考虑。

我历年完成的以中国传统政治文化为研究主题，或者倾重于中国传统政治文化的学术著作，有《毛泽东与中国史学》《权力的黑光》《“忠”观念研究：一种政治道德的文化源流与历史演变》《走向大一统的秦汉政治》《千百年眼：皇权与吏治的历史扫描》《文景之治》《中国历代王朝开国检讨》等相继出版。

现在回想起来，多年读书写作，颇费辛劳。然而学识谫陋，有关中国传统政治文化的读书和思考，不免有浅薄粗疏之嫌。但当时学术探索的出发点，是诚恳的，认真的，积极的。在民族、国家经历特殊变化的年代，在个人生命经历特殊变化的年代，回顾学术行程，虽然有愧，但是无悔。

3.“封建政治迷信”还是“传统政治迷信”？

这本《权力的黑光》(副题“中国封建政治迷信批判”，中共中央党校出版社 1994 年 2 月版）出版后，《中国图书评论》1994 年 3 期发表龙润霞书评，《中央党校通讯》1994 年 3 月 15 日发表龙润霞书评，《工人日报》1994 年 6 月 22 日发表周苏平书评。陕西人民出版社 2006 年 4 月列入“新世纪学人文萃”再版，仍题《权力的黑光：中国封建政治迷信批判》。当时对是否仍然用“封建”二字颇多踌躇，但是最终没有考虑好替换方式。此次改题《权力的黑光：中国传统政治迷信批判》，是由于近年史学界关于“封建”的学术争议，已经使我们明白，不可以简单袭用这一陈说和成见，以致违背历史的真实情状与历史学的合理逻辑。

《权力的黑光：中国传统政治迷信批判》修正了书中一些明显的文字错误，有的信息有所补充。

此次再版，中国社会科学院历史研究所曾磊进行文字校订，耽误了不少时间，付出了很多辛劳。谨此深致谢忱。

谨此致谢《权力的黑光》1994年2月初版责任编辑中共中央党校出版社龙润霞、2006年4月版责任编辑陕西人民出版社李玉皓、董全平、关宁，促成此次新版印行的山西人民出版社李鑫、北京汉唐之道图书发行有限公司李占芾，以及四川人民出版社的朋友们。

帝国下腹部的脂肪

进行古代人物身体史的考察，人们会注意到地位高贵者因生活安逸形成特殊肥胖体态的故事。尊贵者的画像，甚至可见表现“腰腹十围，踞坐一榻适满”的体形（〔清〕孙衣言：《候选训导洪君墓志铭》，《逊学斋文钞》续钞卷四）。“以肥瘦知贵贱”（《古谣谚》卷一九），成为社会常识。讨论国家政治，也可以发现类似的历史信息。《吕氏春秋·知化》写道，齐湣王流亡卫，问公王丹：“我何如主也？”王丹以巧佞之言回答：“王，贤主也。”他说：“我曾经听说古人有辞天下而无恨色者，但只是耳闻这样的声名，‘于王而见其实’。”又当面颂扬：“王名称东帝，实力天下，去国居卫，容貌充满，颜色发扬，无重国之意。”齐湣王说：“甚善。”又感叹：“你真的是理解我啊，寡人自去国居卫也，带益三副矣。”汉代学者高诱解释，“三副”或作“三倍”。“带益三倍，苟活者肥，令腹大耳。”推想其实，可能“腹大”亦未必“带益三倍”。这位没心没肺的亡国之君，竟然日益肥胖，以致三次加长腰带。如清代学者梁玉绳所说：“齐滑王去国而三益带，全无心肝也。苟活者肥，当亦是古语。”而历朝“冗官”“赘员”益增，成为王朝下腹“垂腴”，几乎形成周期性的病患。有关行政得失与王朝盛衰的认识，也许能够由人体脂肪过度的有害堆积这种病理现象，得到有意义的启示。

1.刘备“髀肉”感叹

东汉末年，中原动荡，刘备奔荆州投靠刘表。据《三国志》卷三二《蜀书·先主传》记述，刘表“以上宾礼待之”。然而安逸日久，见“髀里”赘肉增生，感慨垂泪。裴松之注引《九州春秋》写道：“备住荆州数年，尝于表坐起至厕，见髀里肉生，慨然流涕。还坐，表怪问备，备曰：‘吾常身不离鞍，髀肉皆消。今不复骑，髀里肉生。日月若驰，老将至矣，而功业不建，是以悲耳。’”《太平御览》卷三七二引《九州春秋》说：“刘备奔荆州，刘表甚敬礼之。备作上客数年。”而致使刘备感慨“流涕”的，前说“见髀里肉生”，回答刘表时则说“髀里生肉”。“肉生”和“生肉”，语义是一样的。《说文 · 骨部》：“髀，股外也。”罗贯中《三国演义》第三十四回“蔡夫人隔屏听密语，刘皇叔跃马过檀溪”有这样的描述：“（刘备）起身如厕，因见己髀肉复生，亦不觉潸然流涕。少顷复入席。表见玄德有泪容，怪问之。玄德长叹曰：‘备往常身不离鞍，髀肉皆散；今久不骑，髀里肉生。日月蹉跎，老将至矣，而功业不建，是以悲耳！’”又引“后人有诗赞玄德”：“曹公屈指从头数：‘天下英雄独使君。’髀肉复生犹感叹，争教寰宇不三分。”人民文学出版社 1990 年 8 月版简体横排本就“髀肉复生”有注解：“髀，股腿相间处的外侧。久不骑马奔驰，习于安逸，腿根侧部长了肥肉，叫作‘髀肉复生’。”《现代汉语词典》第 7 版这样解释“髀肉复生”：“因为长久不骑马，大腿上的肉又长起来了，形容长久安逸，无所作为。”

唐人罗隐有诗作说到相关三国故事：“寒门虽得在诸宗，栖北巢南恨不同。马上固惭销髀肉，幄中由羡愈头风。蹉跎岁月心仍切，迢递江山梦未通。深荷吾宗有知己，好将刀笔为英雄。”（《魏博罗令公附卷有回》，《甲乙集》卷六）看到身上的“肥肉”，想到“英雄”“江山梦”，不能不心生“恨”“惭”。宋人陈长方《刘玄德论》写道：“玄德以髀肉之复生，恐功名之不就。”（《唯室集》卷一）而“功名”成就者，则似乎“髀肉丰腴”是自然的。如宋人陈仁子《曹参论》说“天下初定，髀肉已生”（《牧莱脞语》卷一〇）。又宋伯仁《五老·儒将农渔女》诗，其中咏“老将”有“髀肉丰腴鬓发疏，将军健饭待何如”句（〔宋〕陈起编：《江湖小集》卷七二）。一个时代的进取精神和英雄主义的表现，也可以从“髀肉”察觉。比如陈普曾经叹息“天子宫庭耽乐嬉”引致的颓废，以为“士气”关系“兴亡”：“兴亡岂必皆有数，百年以来士气衰。文臣髀肉不识马，武士惊魄怕见旗。”（《壬辰日蚀》，〔宋〕陈思编：《两宋名贤小集》卷三五五《石堂集》）

2. 富贵者“腰腹博硕”

古来成功致富贵人士，状貌往往肥硕。有人说“凌烟阁上人”皆“伟哉风骨”（〔宋〕张纲：《代人上郑相生日三首》,《华阳集》卷三四)。或言功臣将相“丹青上凌烟”者,其形象大多不仅“须眉秀”而且“腰腹伟”(〔清〕查揆:《题陈树斋军门听雨图》,《篔谷诗文钞》诗钞卷一〇)。

《后汉书》卷一九《耿秉传》可见“有伟体,腰带八围”的记述。汉末名将司马朗,据《三国志》卷一五《魏书·司马朗传》说,“身体壮大”。裴松之注引司马彪《序传》称其“腰带十围”。《晋书》中说到传主“腰带十围”的,还有卷五〇《庾敳传》、卷一一八《尹纬载记》、卷一三〇《赫连勃勃载记》。卷一二八《慕容超载记》说“超身长八尺,腰带九围”。卷一二一《李势载记》说“势身长七尺九寸,腰带十四围”。《宋书》卷六八《南郡王义宣传》也可见“腰带十围”的记载。《梁书》卷二八《韦放传》言“腰带八围”。“腰带十围”的记述,则见于卷八《昭明太子传》、卷二二《太祖五王传·萧嗣》、卷四四《太宗十一王传·安陆王大春》。《魏书》卷一四《神元平文诸帝子孙列传·东阳王丕》说到几位曾经“从驾”立功,“并以旧老见礼”的皇亲贵族“皆容貌壮伟”,除

“大耳秀眉”外，亦“腰带十围”。《北齐书》卷六《孝昭帝纪》：“身长八尺，腰带十围，仪望风表，迥然独秀。”可知依当时的人体美学意识，一定的腰围，被看作仪容出众的表现。《北齐书》卷一一《文襄六王传·河南王孝瑜》：“体至肥大，腰带十围。”卷一五《娄昭传》“腰带八尺”，卷二〇《慕容俨传》“腰带九尺”，又《周书》卷二〇《叱列伏龟传》“腰带十围”，卷四一《庾信传》“腰带十围”，《隋书》卷四〇《王世积传》“腰带十围”，也都值得注意。《南史》卷七二《文学传·高抱》也可见“腰带十围”。而卷五九《任遐传》用“腰带甚充”语，则没有提供确定数据。以“围”计“腰带”尺寸，应当是指两手拇指和食指合围的长度，有说“径尺为围”的（如《庄子·人间世》陆德明释文引“李云”），也并非准确测定。我们只大略知道“腰带十围”“腰带十四围”体形惊人肥硕。但是“腰带八尺”“腰带九尺”，据丘光明编著《中国历代度量衡考》以9件骨尺、铜尺文物实物考察的南北朝尺度，以为“根据仅有的材料，似以李淳风所定尺长30.2厘米更为可信”的意见（科学出版社

1992 年 8 月版，第 69 页），则“腰带九尺”，可达 271.8 厘米。

据《北史》卷九二《恩幸传·赵修》记载，赵修“本给事东宫，为白衣左右，颇有膂力”，而“起自贱伍，暴致富贵，奢傲无礼”。其体态特征，史称“素肥壮，腰腹博硕”。这应当与“贱伍”时期已经大为不同。据《旧唐书》卷六四《高祖二十二子传 · 江王元祥》，“元祥体质洪大，腰带十围，饮啖亦兼数人”。当时“腰带十围”情形可能并不罕见，于是唐诗有“将军带十围，重锦制戎衣”句（耿沣《入塞曲》，《乐府诗集》卷二二）。《旧唐书》卷七六《太宗诸子传 · 濮王泰》则称李泰“腰腹洪大”，以致“趋拜稍难”。《新唐书》卷八〇《太宗诸子传·濮王泰》则说“泰大腰腹”。唐代后期强势军阀朱泚，据说“资壮伟，腰腹十围”（《新唐书》卷二二五中《逆臣传中 · 朱泚》）。

也许古代执政者与上等社会人群的典型形体特征，最突出的表现就是“腰腹伟”“腰腹博硕”“腰腹洪大”。也就是说，身上“肥肉”最集中的地方，正在腰腹部位。

3. 董卓“燃脐”故事

就个体人生来说，曾经是“英雄”“武士”的董卓，出身陇西临洮，以“六郡良家子”身份“为羽林郎”，“有才武，旅力少比，双带两鞬，左右驰射”。《三国志》卷六《魏书·董卓传》记载，他奉命击羌、胡，“六军上陇西，五军败绩，卓独全众而还”。然而控制“京都兵权”，横暴朝中之后，已经成为超常肥胖将军，“才武”“旅力”再不复存。据裴松之注引《英雄记》，董卓被吕布等格杀后，“暴卓尸于市。卓素肥，膏流浸地，草为之丹”。看守董卓尸体的官员“瞑以为大炷，置卓脐中以为灯，光明达旦，如是积日”。《后汉书》卷七二《董卓传》的记述是：“乃尸卓于市。天时始热，卓素充肥，脂流于地。守尸吏然火置卓脐中，光明达旦，如是积日。”《三国演义》第九回《除暴凶吕布助司徒，犯长安李傕听贾诩》写道：“又将董卓尸首，号令通衢，卓尸肥胖，看尸军士以火置其脐中为灯，膏流满地。”庾信《哀江南赋》所谓“燃腹为灯”，以及杜甫诗句“燃脐郿坞败”（《郑驸马池台喜遇郑广文同饮》),李贺诗句“曾燃董卓脐”(《送秦光禄北征》),苏轼诗句“毕竟英雄谁得似,脐脂自照不须灯”(《郿坞》),赵秉文诗句“藏金郿坞未厌深,长安三日燃脐火”(《从军行送田琢器之》),张宪诗句“逆尸不待燃,脐炷自堪照”(《千里草谣》),都是对这一故事的回顾。俞樾诗作以“卓脐肥”与“楚腰细”为对(《大吉龟为顾艮庵观察赋》),也别有意思。

历史上另一位曾经“以骁勇闻”的名将安禄山,据说“禄山肚大,每著衣带,三四人助之,两人抬起肚,猪儿以头戴之,始取裙裤带及系腰带”。“晚年益肥壮,腹垂过膝,重三百三十斤,每行以肩膊抬挽其身,方能移步”,于是“肥大不任战”,当年“骁勇”(《旧唐书》卷二〇〇上《安禄山传》),只是往日的记忆。《安禄山事迹》卷上说:“晚年益肥,腹垂过膝,自秤得三百五十斤。”《新唐书》卷二二五上《逆臣传·安禄山》则写道:“晚益肥,腹缓及膝,奋两肩若挽牵者乃能行”,“及老,愈肥,曲隐常疮”。《资治通鉴》卷二一五“唐玄宗天宝六载”写道:“禄山体充肥,腹垂过膝,尝自称腹重三百斤。”竟然具体说到“腹”部的重量，固未足信。但异常“肥壮”“肥大”，腹部下垂“过膝”，应是事实。

关于董卓“素肥”“素充肥”，史籍都说到“脂”“膏”。《礼记·内则》关于“调和饮食”，言“脂膏以膏之”。注家以为：“凝者为脂，释者如膏。以膏沃之，使之香美。”《说文·肉部》说：“膏，肥也。”“肪，肥也。”段玉裁注以为这两处“肥”都“当作脂”。又引“王符曰‘白如猪肪’”。《说文·肉部》说：“脂，戴角者脂，无角者膏。”可知“脂膏”都是指动物脂肪。

4.“垂腴”：恶政的象征

许慎《说文·肉部》还写道：“肥，多肉也。”“臞，少肉也。”两者形成了鲜明的对比。

作为生理知识而介入政治生活，借用为政治比喻，“肥肉”“脂膏”的超常蓄积，被看作恶政的象征。《说文·肉部》：“腹，厚也。”段玉裁注：“腹厚叠韵。”“谓腹之取名，以其厚大。”又引《释名》曰：“腹，复也，富也。”以为“文法同”。《释名·释形体》是这样说的：“腹，复也，富也，肠胃之属以自裹盛，复于外复之，其中多品，似富者也。”“腹”与“复”和“富”的关系，以及所谓“似富者也”的表现，是发人深思的。

对于《说文·肉部》所谓“腴，腹下肥者”，段玉裁注指出是指人体，“此主谓人”。又写道：“《论衡》传语曰‘尧若腊，舜若腒，桀、纣之君，垂腴尺余’是也。”《论衡·语增》：“传语曰：圣人忧事，深思事勤，愁扰精神，感动形体，故称‘尧若腊，舜若腒；桀、纣之君，垂腴尺余’。夫言圣人忧世念人，身体羸恶，不能身体肥泽，可也；言尧、舜若腊与腒，桀、纣垂腴尺余，增之也。”王充说，言圣人忧民勤事，“不能身体肥泽”，是可以的。但是所谓“尧若腊，舜若腒，桀纣之君垂腴尺余”，则应是夸大其词。按照《礼记·少仪》郑玄注的说法：“腴，腹下也。”《论衡·道虚》也可见“世称尧若腊，舜若腒，心愁忧苦，形体羸癯”的说法。《太平御览》卷八〇引邓析言曰：“古诗云：‘尧、舜至圣，身如脯腊，桀、纣无道，肌肤三尺。’”

先古圣王形象多黑瘦，往往“羸恶”“羸癯”，“不能身体肥泽”的情形，又见于《意林》引《尸子》：“尧瘦舜黑，皆为民也。”《文子·自然》引老子曰：“神农形悴，尧瘦癯，舜黧黑，禹胼胝。”《淮南子·修务》写道：“盖闻传书曰：神农憔悴，尧瘦臞，舜黴黑，禹胼胝。由此观之，则圣人之忧劳百姓甚矣。”又《吕氏春秋·贵生》：“帝王之功，圣人之余事也，非所以完身养生之道也。”高诱注的解释，使用了“瘦瘠”的文字：“尧、舜、禹、汤之治天下，黧黑瘦瘠。”

与此不同，《荀子·非相》说到反面政治人物的形象：“身死国亡，为天下大僇，后世言恶则必稽焉”的“古者桀、纣”，其身形“长巨姣美”。这应当与养尊处优相关，而显然与“黧黑瘦瘠”有别。或许与身态之“巨”相关，《楚辞·天问》直言其“肥”：“受平胁曼肤，何以肥之？”王逸解释说：“言纣为无道，诸侯背畔，天下乖离，当怀忧癯瘦，而反形体曼泽，独何以能平胁肥盛乎？”按照王逸的理解，纣的形象，正是《论衡》所谓圣人“不能”的“身体肥泽”。而所谓“桀、纣之君，垂腴尺余”，是更极端的说法。唐人柳宗元作《天对》，这样回答了屈原的提问：“对：辛后騃狂，无忧以肥。肆荡施厥体，而充膏于肌。啬宝被躬，焚以旗之。”所谓“无忧以肥”“充膏于肌”，都是与“垂腴尺余”之说相对应的。

5. “冗官”“赘员”，国家病患

有一种认识，重视腹部过量脂肪堆积的危害，并且将这种生理现象与贪腐行为相联系。晋国大夫叔鱼出生时，其母观察其体形，以其“牛腹”，断言“必以贿死”，于是不自养视（《国语·晋语八》）。“牛腹”竟然是与“贿”相关的人体征象。又如刘克庄《贫居自警》诗以清贫志向与“燃脐”悲剧对比：“赤粟黄虀味最深，此生不恨老云林。鬼神每瞰高明室，天地皆知暮夜金。夸士燃脐犹殉货，先贤覆首或无衾。一瓢千驷同归尽，莫为浮云错动心。”沈鍊《休贪百姓钱》也写道：“权门贿赂已成渠，算来到底为痴愚。削皮吃血人受苦，瘦国肥家彼自如。聪明男子不爱钱，天生地化福无边。请君但看燃脐报，可是黄金坞内填。”不过，把这种政治告诫看作对王朝格局构建、帝国决策倾向、君王行政取舍提出的警告，其实也是适宜的。

关于腹部的异常，又有“腹尺”之说。“腹尺”或许与“垂腴尺余”有某种关联。《三国志》卷一〇《魏书·荀彧传》裴松之注引《平原祢衡传》：“又问：‘曹公、荀令君、赵荡寇皆足盖世乎？’衡称曹公不甚多；又见荀有仪容，赵有腹尺，因答曰：‘文若可借面吊丧，稚长可使监厨请客。’其意以为荀但有貌，赵健啖肉也。”所谓“腹尺”，《汉语大词典》的解释是“腹的阔度”，以为“比喻食量大”。《后汉书》卷八〇下《文苑传下·祢衡》李贤注引《典略》曰：“衡见荀仪容但有貌耳，故可吊丧。赵有腹大，健啖肉，故可监厨也。”“腹尺”直接写作“腹大”。

“腹大”“垂腴”的情形，也适合用以形容传统政治体制。

以身体部位比喻王朝秩序之安危得失，是中国传统政论的语言习惯。如《晋书》卷一〇二《刘聪载记》载刘易、刘敷等谏语称“背恩忘义”之宦官参与决策，“助乱大政，陛下心腹四支何处无患”。《六朝通鉴博议》卷七可以看到这样的说法：“治国如治身。心肠四体，将养调治缓急，各自有序。人失其序，则疾生之。国失其序，则乱生之。”指出古来有“虚心腹，肥支体，遂为后世深患”者，于是发表了“可不戒夫”的严正警告。

而历代开明的政论家言称帝国政治弊病最多见的批评，是对“冗官”“赘员”现象的指摘。

《说文·肉部》：“肬，赘肬也。”又《说文·贝部》：“賸，物相增加也。”段玉裁注：“‘賸’‘增’叠韵。以物相益曰‘賸’。字之本义也。今义训为赘疣。与古义小异，而实古义之引伸也。改其字作‘剩’而形异矣。”“賸”字现今合入“剩”，已经“形异”。古字“賸”结构有“肉”，可以理解为不必要的，甚至灾难性的“增加”，是可以从人体生理与病理的角度认识其意义的。史籍所见王朝的“赘员”（《明史》卷二九二《忠义传·阮之钿》）、“赘余”之“官”（《清史稿》卷一一五《职官志二·太常寺》），都是可以由“赘肬”有所认识的。“赘肬”，有时又写作“赘疣”（《清史稿》卷一一一《选举志·考绩》），更强调其病患性质。宋人陈彭年《重修广韵》卷四《去声·八未》：“赘，赘肉也。又最也，聚也。”金人韩道昭《五音集韵》卷一〇《废》也有同样的说法。“赘”即“赘肉”，可以理解为脂肪的过度壅积。

“冗官”“赘员”，造成民众过于沉重的负担。有人称此为“官多则民扰”。唐代名臣刘晏曾有此说（《资治通鉴》卷二二六“唐德宗建中元年”）。同样的说法又见于宋人胡寅《致堂读史管见》卷二二。明清政论中，“官多则民扰”频繁出现。李鸿章言“官多则民必扰”（《李文忠公奏稿》卷三六），语气尤为肯定。又有“官多则民困”（〔清〕陈澹然：《权制》卷一）之说。“冗官”“赘员”也导致行政运行效率降低，往往也成为危害社会安定的隐患。顾炎武写道：“官多则乱，将多则败。”（《日知录》卷五）这样的意见，和卢梭在《社会契约论》中的说法是一致的：“如果国家仍然是同一个国家，行政官的数目纵然可以任意增加，政府却并不会因此便获得更大的实际力量”，“还可以肯定：负责的人越多，则处理事务就愈慢”，“随着行政官的增多，政府也就会松弛下来”。“行政官的人数愈多，则政府也就愈弱。”卢梭指出：“这是一条带有根本性的准则。”

顾炎武生年（1613）较卢梭（1712）约早100年。他提出的行政学“治官”理念，其实已经相当先进。前引“官多则乱”，可以看作顾炎武治官第一定律。他的治官第二定律是“大官多者其世衰”（《日知录》卷八《乡亭之职》）。顾炎武治官第三定律是“省官之故，缘于少事”。他提出的“省事”更重于“职官多寡”（《日知录》卷八《省官》）的主张，是符合文景之治坚持的“无为而治”的原则的。

“冗官”“赘员”直接成为影响吏治效能的危害。“官多则权分”（〔明〕曾大奇:《治平言》卷上），“官多则各持其柄则无所营”（〔明〕程开祜:《筹辽硕画》卷三三），“官多则十羊而九牧”（〔明〕吴节:《吴松坡先生文集》卷一），“官多则仕路不能不壅”（〔明〕黄洪宪:《碧山学士集》卷一一）等意见，都说明相关规律的发现。当然，“冗官”“赘员”对整个社会的负面影响也被指出。如多有学者指出，“官多则吏多，吏多则民扰”（〔宋〕黄震:《黄氏日抄》卷七一），“官多则事烦，吏多则民残”（〔宋〕陈均:《宋九朝编年备要》卷五），“官多则役多，役多则费多”（〔明〕毕自严：《度支奏议》堂稿卷五），“官多则食繁，食繁则赋重，赋重则民困，民困而国未有不贫者焉也”（《志远斋史话》卷五）等。

6. 怎样“紧缚肚皮”

元代学人臧梦解曾经作《座右铭》，借人体各部位为喻，提出了“硬著脊梁”“净洗眼睛”“牢踏脚跟”“紧缚肚皮”这四个方面的要求。其中“紧缚肚皮”所说，是可以作为国家政治史思考借鉴的：“这肚皮，长忍饥。众肥甘，我糠糜。将军腹，宽十围。贪以败，脂流脐。平生事，百瓮齑。咬菜根，事可为。”（〔元〕周南瑞编：《天下同文集》卷三二《铭》）所谓“百瓮齑”，使我们联想到前引刘克庄诗句“赤粟黄齑味最深”。“咬菜根，事可为”是个人修养的境界，也是端正世风的目标。然而就王朝管理者来说，在控制“冗官”“赘员”方面“紧缚肚皮”，以避免“腹宽十围”，是有很大难度的。《黄帝内经素问》卷四《异法方宜论》说，有的方域“其民华食而脂肥”，“其病生于内，其治宜毒药”。这里所说的“其治宜毒药”，可以理解为，要治愈“华食”“脂肥”的“内”“病”，必须用重药。

湖北云梦睡虎地秦简法律文书《秦律十八种》中的《金布律》《效律》，说到当时政治生活中已经通行“冗吏”称谓。汉《史晨碑》也有“冗吏”字样。敦煌汉简可见“不可作事者冗食于仓”的简文（216）。看来，当时所说的“冗吏”与后来文献记载中所见“冗吏”，意义是接近的。

政府结构这种“官职冗滥”现象，往往在历代王朝的中期发生，于是形成了一种历史的循环。这种现象同政府成员的腐化、政府效能的退化，几乎是同步的。所谓“官职冗滥”，即“官数”表现为极度膨胀的反常现象，是病态政治的症状，也形成可能导致严重社会危机的起因。

江苏东海尹湾汉墓出土的《东海郡吏员簿》是关于西汉东海郡吏员编制的简牍资料，又有《东海郡属吏设置簿》。两相比较，郡太守府实际所用属吏数远远超过定员数。人们还发现，《东海郡吏员簿》所记载东海郡县之属吏名目与严耕望《秦汉地方行政制度》一书中考定的郡县属吏名目差异甚大。前者名目少，分职简略，后者则名目多，分职详密。或许简牍资料所反映的东海郡吏员名目是汉初制定的编制，郡县行政长官起初按照这一编制设置属吏。然而，后来郡府县廷行政分工逐渐细密，郡府县廷的组织机构也日益增大，在定编之外，又以"君卿门下""以故事置""请治所置吏""赢员"等名目任命增设属吏，于是吏名人数出现新的规模。"赢员"，就是多余的吏员。朝廷知道郡县属吏之实际用人数远远多于定编数，可能有适当更改增加编制以适应实际的情形，但是地方政府膨胀不已，朝廷对郡县政府属吏编制之调整永远赶不上实际用人数的增加（廖伯源：《简牍与制度——尹湾汉墓简牍官文书考证》，文津出版社有限公司1998年版，第63页至第67页）。据《续汉书·百官志五》刘昭注补引《古今注》说，汉顺帝永和三年（138），"河南尹及雒阳员吏四百二十七人"。可是据《汉官》一书提供的东汉京师地方官府员吏编制资料，"河南尹员吏九百二十七人"，此外，雒阳县又有"员吏七百九十六人"，两者相加，多至1723人，为

《古今注》所说河南尹及雒阳员吏 427 人的四倍府系。两种记载数字如此悬殊，可能也反映了在实际政治生活中法定编制和实际员额的差别。内蒙古和林格尔汉墓壁画中人物形象榜题文字有“上郡属国都尉西河长史吏人马皆食大仓”，“繁阳人马皆食大仓，功曹繁阳县仓”等字样，其他汉代壁画墓中也可以看到“食太仓粟”一类文字。大约汉代官吏的俸食，有中央政府支给和地方政府支给的区别。这一情形，可能也与是否属于国家正式编制有关。

“官职冗滥”现象的严重危害，在于可以促使国家机器加速腐化乃至彻底朽坏，逐渐出现烂透了的态势。列宁曾经说，官吏，是旧社会“身上的‘寄生物’”，“是使这个社会分裂的内部矛盾所产生的寄生物，而且正是‘堵塞’生命的毛孔的寄生物”。所谓“寄生机体”“寄生赘瘤”也是他形容这种“寄生物”使用的语汇。这种寄生物日益繁生且拥塞于肌体，可能窒息政治机构的活力乃至整个社会的生命力。克服“官职冗滥”现象以解救政治危局，如所谓“救官冗之弊”（苏轼:《论冗官札子》,《东坡全集》卷五三），“省罢”“赘员之无益有损”（〔宋〕黄震:

《榜放县吏日纳白撰钱申乞省罢添倅厅状》，《黄氏日抄》卷七四），是历史上许多次改良与改革运动曾经提出的政治任务。然而官僚制度作为政治体制的主体构架，是专制主义王朝实现历史存在和行政运行的主要支撑。于是往往有“虽知冗滥，力不能裁节之”（《宋史》卷三七四《李迨传》）的情形。政治体制中“紧缚肚皮”的失败，在中国专制时代是经常的。我们回顾历史可以发现，正是帝制政权的性质决定了其自我调节的机能逐渐退化。因为官吏久已成为有重要影响的社会阶层，在“官职冗滥”严重的时代，其影响力更为惊人。于是革裁冗官的改革常常会遭遇十分顽强的抗拒。

《齐民要术》卷六《养牛马驴骡》谈“相马之法”，指出“弱瘠大腹”是“羸”马的形象。政治生活中的“大腹”情形，确实在王朝中晚期历史中导致“羸”的实力消减。

有学者指出，元代政治术语可见“要肚皮”“吃肚皮”“使肚皮”等，据说与“赃贿”有关。“要肚皮”指索贿，“吃肚皮”指受贿，“使肚皮”指行贿。成为这种政治语言背景的，在于“马是游牧社会的重要财产，母马腹中胎儿隐含附加值的意义，官员以权谋私，索贿受贿，实际上是割取附加值”（特木勒:《释“肚皮”》,《中国史研究》2021 年 1 期）。论者的发现很有意思。联系到“紧缚肚皮”之说言及“贪取败，脂燃脐”，我们以为政治史现象的这种揭示，对于官员个体的道德“紧缚”和国家政治的体制“紧缚”，都是有意义的。

柳诒徵《历代史略》（点校本）序

柳诒徵《历代史略》（点校本）承苏州高新区教育局张华中名师工作室认真点校，江苏人民出版社郑重推出，近期得以面世，是一件令人高兴的事。

柳诒徵《历代史略》首篇“总论”分述“地理概论”和“历史大旨”。又分别论说各个历史时期概貌：“卷一，上世史”，“卷二，中世史（上）”，“卷三，中世史（下）”，“卷四，近世史（上）”，“卷五，近世史（中）”，“卷六，近世史（下）”。自“唐虞”时代至明末，应当说，这是一部比较完整的中国通史专著。以我稍微熟悉一些的秦汉史而言，卷二“中世史（上）”包括秦、楚汉、前汉（上）、前汉（中）、前汉（下）、后汉（上）、后汉（下）、三国、制度略，介绍了这一时期的历史脉络，也对重要制度有所说明。又有“附录”27 种，包括图表，以及诸帝在位年数及年号的说明，便于读者检索参考。

1.“空间观念培养的路径”

有关《历代史略》的由来，张华中先生在“后记”中已经申说明白。他特别写道:“近代历史教科书特别是《历代史略》均是在开篇介绍地理沿革或地理概况，让我们大概领略了空间观念培养的路径。”这一特点其实非常重要。这里有必要说明这种教育学理念的历史渊源。《汉书》卷二四上《食货志上》说到先秦两汉农耕社会的生产和生活秩序的基本原则，即所谓“先王制土处民富而教之之大略”，其中是包括如何“教之”的内容的:“是月，余子亦在于序室。八岁入小学，学六甲、五方、书计之事，始知室家长幼之节。十五入大学，学先圣礼乐，而知朝廷君臣之礼。其有秀异者，移乡学于庠序；庠序之异者，移国学于少学。诸侯岁贡少学之异者于天子，学于大学，命曰造士。行同能偶，则别之以射，然后爵命焉。”这里所说的教育程式中的“八岁入小学”，“十五入大学”，“小学”是指初级教育。对于教学主要内容所谓“学六甲、五方、书计之事”，颜师古的解释引用了苏林和臣瓒的两种说法：“苏林曰：‘五方之异书，如今秘书学外国书也。’臣瓒曰：‘辨五方之名及书艺也。’师古曰：‘瓒说是也。’”颜师古赞同“瓒说”。而确实“瓒说”较苏林说更为接近教育史的真实，但是可能也并没有完整说明《食货志》的意思。“六甲五方”“之事”并不仅仅是“辨五方之名”，“书计之事”也不仅仅是“书艺”。所谓“学六甲五方书计之事”，应是指基本知识和书写计算的技能。顾炎武说：“‘六甲’者，四时六十甲子之类；‘五方’者，九州岳渎列国之名；‘书’者，六书；‘计’者，九数。瓒说未尽。”周寿昌说：“此《礼记·内则》之言。礼，‘九年教之数日’，郑注，‘朔望与六甲也’，犹言学数干支也。‘六年教之数与方名’，郑注，‘方名，东西’，即所云‘五方’也。以东西该南北中也。‘十年出就外傅，居宿于外，学书记’，即‘书计’也。‘书’，文字；‘计’，筹算也。六书九数，皆古人小学之所有事也。”（金少英：《汉书食货志集释》，中华书局 1986 年版，第 37 页）“数”学，是当时“小学”的重要内容之一。《论衡·自纪》中，王充自述童年经历，言“六岁教书”，《太平御览》卷三八五引《会稽典录》写作“七岁教书数”，这里是包括了“数”的。《四民月令》说“正月”事：“研冻释，命幼童入小学，学书《篇章》。”据原书本注，《篇章》包括《九九》之属。数学知识，后世看作科学的基点。所谓“六甲五方”，“六甲”是关于时间的知识，“五方”是关于空间的知识。而汉代地理知识介入学童的思想，所谓“辨五方之名”，所谓“‘五方’者，九州岳渎列国之名”作为早期教学内容，是值得赞美的教育学的重要进步。而《历代史略》（点校本）“后记”所说历史教学重视“介绍地理沿革或地理概况”，提示了“空间观念培养的路径”，是沿承了古来这种好的教育传统的。

2. 汉代“小学”的创始人：扬雄、杜林、许慎、郑玄

汉代的初级教育“小学”，其实可以和近代教育之“小学”相类比。王国维《观堂集林》卷四《汉魏博士考》写道：“刘向父子作《七略》，‘六艺’一百三家，于《易》《书》《诗》《礼》《乐》《春秋》之后，附以《论语》、《孝

经》、‘小学’三目，‘六艺’与此三者，皆汉时学校诵习之书。以后世之制明之：‘小学’诸书者，汉小学之科目；《论语》《孝经》者，汉中学之科目；而‘六艺’则大学之科目也。”（王国维：《王国维遗书》，上海古籍书店1983年版，第1册，第7页）

王国维“汉小学之科目”“汉中学之科目”与“大学之科目”之说，古今比况，认识基础应与西方近代教育体系对中国教育的影响有关。“小学”是与“大学”对应的，起初指初级教育。大致正是在西汉时期，“小学”又曾经专门指称文字学。有学者指出：“以‘小学’指称文字学，始于西汉，具体说，始于刘向、刘歆父子。他们在那部可称为世界上第一个图书分类目录的《七略》里，第一次把周秦以来的字书及‘六书’之学，称为‘小学’。小学的创始人，便是扬雄、杜林、许慎、郑玄。”（胡奇光：《中国小学史》，上海人民出版社1987年版，第1页至第2页）

《汉书》卷一二《平帝纪》记录了汉平帝元始五年（5）宣布的最后一道政令：“征天下通知逸经、古记、天文、历算、钟律、小学、《史篇》、方术、《本草》及以《五经》《论语》《孝经》《尔雅》教授者，在所为驾一封轺传，遣诣京师。”据说响应征召前来长安的学者多达数千人。科学史家李约瑟认为，这是在王莽的倡议下召开的“中国历史上第一次科学专家会议”（李约瑟：《中国科学技术史》，科学出版社、上海古籍出版社1990年7月版，第1卷《导论》，第112页）。在这样的全国“科学专家会议”中，最高执政集团对“天下通知”“小学”的学者予以郑重征召。可见，“小学”当时俨然已经能够与《五经》《论语》《孝经》《尔雅》并列，成为一个重要学科方向了。

《汉书》卷三〇《艺文志》中“小学”专为一种，列于《易》《书》《诗》《礼》《乐》《春秋》《论语》《孝经》之后。“小学”一种中的书目，有闻人名家编纂者。如：“《苍颉》一篇。上七章，秦丞相李斯作；《爰历》六章，车府令赵高作；《博学》七章，太史令胡毋敬作。”“《凡将》一篇。司马相如作。”“《训纂》一篇。扬雄作。”又有“扬雄《苍颉训纂》一篇，杜林《苍颉训纂》一篇，杜林《苍颉故》一篇”。班固进行了当时的学术史总结，对于"小学"有所说明。班固总结"六略三十八种"文献学成就中，对于"小学"一种的综合分析，是字数最多的。其中说道："臣复续扬雄作十三章……"颜师古注引韦昭曰："臣，班固自谓也。作十三章，后人不别，疑在《苍颉》下篇三十四章中。"就是说，当时一流学者是参与了童蒙教材的编写的。"小学的创始人"和积极建设者，是一时声名显赫的学术领袖们。这其实是文化盛世的景况。理解中国文化的这一传统，中国教育的这一传统，就不会对柳诒徵这样的著名学者编写《历代史略》有所诧异了。

3.《历代史略》点校工作

张华中先生主持的《历代史略》点校，工作谨慎认真。对于杨共乐、张昭军主编"我国20世纪文化史大家柳诒徵的作品——《柳诒徵文集》（全12卷）"（杨共乐：《柳诒徵文集》"前言"）的第一卷《历代史略》的若干疏误有所补正。如题"第二编，中世史上"［张华中主持点校《历代史略》作"卷二，中世史（上）"］的部分，"九篇"只有"八篇"，完全缺失"第二篇，楚汉"。这一篇有四章：第一章，项羽为霸王；第二章，楚汉分争上；第三章，楚汉分争下；第四章，汉灭楚。杨共乐、张昭军主编本在第一篇“秦”的第三章“沛公入关”于“刘邦攻屠武关（在陕西商洛市商州区东），高恐诛，使人弑二世，立二世兄子子婴为秦王，不复称皇帝，子婴既立，刺杀高，夷三族”句后，直接接续“汉六年，人有告楚王韩信反……”事，不仅“楚汉”部分完全缺写，甚至此章题名所谓“沛公入关”事也并不涉及。并且“前汉上”部分第一章即作“高祖诸政”，张华中主持《历代史略》点校本第一章为“汉业初定”，其中部分文字杨共乐、张昭军主编《柳诒徵文集》本杂入“沛公入关”一章。在子婴杀赵高与刘邦杀韩信之间，史事情节残断，全不连贯。为了勉强衔接上下文，不得不作整理者按：“原文此叙事混乱不明，只好试接《史记》补，以通文字。”（杨共乐、张昭军主编《柳诒徵文集》，商务印书馆 2018 年版，第 1 卷，第 61 页）

“楚汉”部分及“汉业初定”部分，张华中主持《历代史略》点校本较杨共乐、张昭军主编《柳诒徵文集》本补足文字约 6000 字。也就是说，顾颉刚以为《史记》“最精彩及价值最高部分”即“楚汉之际”，“其笔力之健，亦复震撼一时，叱咤千古”的这段历史记述，在《历代史略》中竟然意外消失。这部分历史内容，江苏人民出版社版现今终得补全。

柳诒徵的历史意识以及历史普及方式的高明之处，还表现在他对于“国学”的判断。对于“国学”的学术品质，“国学”的文化内涵，“国学”的社会价值，“国学”的时代意义，学者多有不同理解，各存歧见。进行相关分析，必然涉及有关“国学”真正内容的认识。对于“国学”内涵的定义，我们曾经看到有“国学的核心是儒学，儒学的核心是经学”的说法。回顾春秋战国中国思想学术原创时代的文化形势，儒学当时只是百家之学中的一家。传统文献学经史子集四部分类中，经学列位最先，但是学术总量有限，其实远远不如史学。《隋书》的《经籍志》分四卷，正式以“经”“史”“子”“集”四部进行图书文献的分类。我们可以大略统计四部文献卷数以及在所著录文献总体中所占比例，史部书籍 13264 卷，竟占到经史子集四部合计卷数的36.13%。而“六经皆史”的说法，其实也是有合理性的。列入经部的《尚书》《春秋》等儒学经典著作，唐代史学家刘知幾在所著《史通》中已经将其归入史书一类。北宋年间，参与编写《资治通鉴》的著名学者刘恕，也曾经提出古时的经书其实也是史书的见解。这种认识后来得到许多学者的赞同。王阳明说：“《五经》亦只是史，史以明善恶，示训戒。善可为训者，时存其迹以示法；恶可为戒者，存其戒而削其事，以杜奸。”（《王阳明全集》，上海古籍出版社1992年版，第9页至第10页）明末清初的著名思想家顾炎武在说到《春秋》这部书时，也曾经指出：“《孟子》曰‘其文则史’，不独《春秋》也，虽《六经》皆然。”他还写道：“《春秋》，因鲁史而修者也，《左氏传》，采列国之史而作者也。”（《日知录》卷三“鲁颂商颂”条，《日知录》卷四“春秋阙疑之书”条）章学诚则更进了一步。他在《文史通义》中开宗明义第一句就响亮地提出“六经皆史也”的观点。他指出：“三代学术，知有史而不知有经，切人事也。后人贵经术，以其即三代之史耳。”（《文史通义内篇二·浙东学术》）就是说，在夏、商、周三代，说到学术，只知道有“史”而不知道有“经”，“史”是更准确的人文现象的记录。关于“经”和“史”的关系的讨论，绝不仅仅限于图书分类问题，而具有更深刻的文化意义。王国维于1914年完成的震惊国内外学术界的名著《流沙坠简》以及此后发表的一系列论文，都是在对出土汉代简牍文书进行研究的基础上完成的。鲁迅写道：“中国有一部《流沙坠简》，印了将有十年了。要谈国学，那才可以算一种研究国学的书。开首有一篇长序，是王国维先生做的，要谈国学，他才可以算一个研究国学的人物。”（《不懂的音译》，《鲁迅全集》，第1卷，第419页）在“国学”名义得到肯定的民国时期，国学学者的工作对象绝不仅仅是经学。考察清华国学院导师们的教研内容，多在儒学、经学之外。其他一些可以称为“国学”家的学者的研究方向和研究路径，也多专注于史学。

柳诒徵曾经论《讲国学宜先讲史学》，明确表达了在中国传统文化、中国传统学术中对史学的特殊看重。他写道：“现在有许多人都知道要讲国学，但是中国的学问很多，首先应讲那一种学问，自然各有各的嗜好习惯。喜欢讲某一种学问的，就先讲某一种学问，以为旁的学问都在其次。譬如讲小学，讲经学，讲理学，讲文学，讲考古学，等等，都是很重要的。许多专家都认为讲国学莫要于此，我也承认这许多学问都应当讲的。但是我们要讲国学，必须先将各国的学问来比较一下，那一种学问在世界各国都有的，那就要问某一种学问在中国是特别发达、特别完备。自然中国的小学、经学、理学、文学等，比较他国特别发达，但是最初发达的，无过于史学，后来逐渐进步，尤其完备，所以我说讲国学宜先讲史学。”他又对“何以说中国的史学特别发达、特别完备”做了进一步的说明。他指出：“一切的学问，在古时候都是史官所管。”“中国构成国家的时候，特别注重纪载人事的历史，那是各国都没有的。”“我们要知道中国有两个最大的学问的人：一个是老子，一个是孔子。这两个大学问家的学问，从何处产生呢？都是从史学产生出来的。”他回顾“老子是周朝的柱下史”的经历，又说“孔子是删订经书的，其实各种经书也都是史书”。“所以孔子并不是经学家，孔子是一个史学家。孔子说：‘其事则齐桓、晋文，其文则史，其义则丘窃取之矣。’孔子是据史书上的事情，看出道理来，讲明立国和做人的大义。”“并非孔子自己要创造一种学说，他是从史书上看出这种道理，是不可违反的。”柳诒徵站在一个史学教育家的立场上，说了很多恳切的话。他指出：“现在的教育，自然不能叫个个人都讲史学，但是只有一点一滴的史事在胸中，那就比以前相差得不知多远了。”（《广播周报》1935 年第 25 期）读了这些文句平和的诚挚的劝告，再手抚我们面前这部《历代史略》（点校本），就会更加出自内心地感谢承担点校任务的张华中名师工作室，感谢承担出版任务的江苏人民出版社。感谢他们的辛劳，感谢他们的贡献。

中国古代阅兵故事

阅兵，有非常久远的历史。在中国古代军事史、礼仪史和政治制度史上，这种仪式都以规模的宏大雄壮、形式的威武庄严，留下了记忆。这种历史文化现象的相关信息，又可以引发多方面的思考。

1. 儒学经典所见上古“大阅”

据说由孔子编纂的鲁国史《春秋》中，已经可以看到关于阅兵的记录：鲁桓公六年，也就是公元前706年，“秋八月壬午，大阅”。《左传·桓公六年》写道：“秋，大阅，简车马也。”《公羊传·桓公六年》说：“‘秋八月壬午，大阅。’‘大阅’者何？简车徒也。”汉代学者何休的解释是：“大简阅兵车，使可任用而习之。”

“大阅”，可以理解为对军队的士兵和战车等主要作战装备的大规模的检阅。早期阅兵的意义，首先是检查和调整部队的战斗实力。如顾炎武《军制论》所说：“大集伍而阅之，皆胜兵乎？不胜者免，收其田以新兵补之。五年一阅，汰其羸，登其锐，而不必世其人。”就是说，通过这种“阅”，淘汰职业军人中精神状态和体力状态不胜军战者，而充实新锐。虽说是“大集伍而阅之”，规模起初也未必很大。“五年一阅”是传统制度。鲁桓公据说就是没有按照定制而阅兵，以致孔子在史书中予以委婉的批评。也有学者说，中国传统社会以农耕为主体经济形式，以往在冬季农闲时阅兵。鲁桓公在强大邻国齐国的军事压力下，“以非时简车马”，违背了以往惯例，所以史书特别予以记录。杜预就提出了这样的意见。《穀梁传 · 桓公六年》对于鲁桓公的这一举动，指出欲以“崇武”，又有“盖以观妇人也”的评论。对此许多注家不能理解，有人看作“经无异文，传自穿凿”（〔唐〕陆淳《春秋集传辨疑》卷二），以为《穀梁传》的说法无中生有。而宋代学者家铉翁《春秋集传详说》卷三写道：“时当淫姜煽艳之始，鲁君以是为悦，故特书以讥之。《穀》必有所本，当从之。”以为《穀梁传》一定是有根据的，可以信从。所谓“以观妇人”，应当是指为了取悦于宠爱的女子。清代学者张尚瑗《穀梁折诸》卷二就直接批评鲁桓公的行为在于“以悦妇人”。这种情形大概和周幽王举烽火以博褒姒一笑的故事类似，使得军人们的辛苦成了娱乐性的表演。

中国古代通常阅兵的作用，突出体现为“崇武”，振奋士气，弘扬英雄主义精神。所以唐代诗人薛存诚《观南郊回仗》诗有“阅兵貔武振”的文句。阅兵提升战斗意志的作用受到特殊重视，而并不似后世有时只是用来炫耀武力。

2.“武官肄兵习战阵之仪”

进入帝制时代以后，最高执政者十分重视阅兵的意义。秦汉时期已经出现大致确定的制度。《晋书》卷二一《礼志下》说，传统“武官肄兵习战阵之仪”，“汉世率以为常”。汉献帝建安二十一年，也就是公元 216 年，曹操属下的主管官员上奏说，古代四时“讲武”，都是在农闲时节。西汉王朝继承秦代制度，春季、夏季和秋季都不举行“讲武”典礼，只是在十月初冬，举行大的“讲武”仪式。现今“金革未偃，士众素习”，战争未能平息，士兵习于军事，“可无四时讲武，但以立秋择吉日，大朝车骑，号曰‘阅兵’。上合礼名，下承汉制”。以为由皇帝亲自参与“大朝车骑”的方式，符合古礼的传统，也继承了汉朝的制度。汉献帝批准了这一建议。当年冬季，就举行了这种正式的“阅兵”仪礼。“魏王亲执金鼓，以令进退。”曹操亲自击鼓鸣金，以声响信号指挥受阅部队行止。

汉王朝政治生命的最后一年，汉献帝延康元年，也就是公元220年，曹丕为魏王。这一年的立秋日，阅兵于洛阳东郊。公卿重臣都出席了典礼。曹丕“御华盖，亲令金鼓之节”。《三国志》卷二《魏书·文帝纪》记载：“六月辛亥，治兵于东郊，庚午，遂南征。”裴松之注引《魏书》：“公卿相仪，王御华盖，视金鼓之节。”在阅兵之后的第19天，大军南征。随后孙权派使节奉献，蜀汉将军孟达率众投降。魏明帝太和元年（227）十月又举行过“阅兵”仪式。晋武帝司马炎在泰始四年（268）九月，以及咸宁元年（275）、太康四年（283）和六年（285）冬季都曾经亲自前往宣武观“大阅众军”，然而却不像曹操那样“自令进退”了。

历朝多有阅兵的历史记录。《新唐书》卷九三《李靖传》、卷一二七《张弘靖传》、卷一三七《郭子仪传》和卷二二〇《东夷列传·高丽》都有记载“大阅兵”的文字。

阅兵有时作为战前动员的特殊形式。如《旧唐书》卷一一《代宗纪》所说大历九年（774）夏四月“乙酉，诏郭子仪等大阅兵师以备吐蕃”的情形。《新五代史》卷一二《周本纪·世宗柴荣》记载，显德元年（954）三月，“壬辰，次泽州，阅兵于北郊。癸巳，及刘旻战于高原，败之，追及于平，又败之”。阅兵的次日就有大战，果然获得大胜。阅兵可以使将士振奋精神，激扬斗志，有益于备战。宋代学者赵善璙《自警编》卷六《事君类上·德望》写道：“范仲淹领延安，阅兵选将，日夕训练。又请戒诸路养兵畜锐，毋得轻动。夏人闻之，相戒曰：无以延州为意，今小范老子腹中有数万兵甲，不比大范老子可欺也。戎人呼知州为老子。大范谓雍也。”所谓“大范老子”，指范雍。这里“阅兵选将”，“阅”有训练的意思。但是“阅兵”之“阅”的这一语义，和检阅也是有密切关系的。

3.“登楼阅兵”

帝王阅兵往往在高处，这样有较好的视野，也可以显示自我崇高的威权。《旧五代史》卷四《梁书·太祖本纪四》说，后梁太祖朱温“登高僧台阅兵”。据《旧五代史》卷五一《梁书·霍存传》，朱温还曾经“幸讲武台阅兵”，据说当时因“屡有征讨，因起猛士之叹”，即心生汉高祖刘邦《大风歌》“大风起兮云飞扬，威加海内兮归故乡，安得猛士兮守四方”的意绪。

《建炎以来系年要录》卷二一记载，张俊勤王，“登楼阅兵，器甲鲜明，士气锐甚”。《明史》卷二七《天文志三》：“有星如月，从西北流至阅兵台，分为三，坠地有声。”所谓“阅兵台”，应是专门用以阅兵的高台。清代皇帝有亲自在“阅武楼”阅兵的情形。《清会典事例·兵部一六五·大阅》记载：“（乾隆）四十二年，高宗纯皇帝御阅武楼阅兵。”

所谓“阅武楼”，很可能是专门为阅兵仪式专门营造的高楼。

4.“铁马步甲十万”“势动天地”

古帝王阅兵，有时规模异常宏大。《旧五代史》卷六《梁书·太祖本纪六》记载，乾化元年（911）十月丙子，“帝御城东教场阅兵，诸军都指挥、北面招讨使、太尉杨师厚总领铁马步甲十万，广亘十数里陈焉。士卒之雄锐，部队之严肃，旌旗之杂沓，戈甲之照耀，屹若山岳，势动天地，帝甚悦焉”。骑兵和步兵共10万人，军阵宽广和纵深都达到十数里。阅兵的阵容和气势，使帝王炫耀权威的心理得到了满足。

阅兵仪式，有时为适应实战需要，有操演的节目。《续资治通鉴长编》卷四〇记录宋太宗至道二年（996）事，有这样的情形：“上初以方略授诸将，先阅兵崇政殿，列阵为攻击之状、刺射之节。且令多设强弩。及遇贼布阵，万弩齐发，贼无所施其技。”阅兵，也成为战术演习的一种方式。

5.“佻弱”宋军的表演优势：“甲光荧荧照秋水，阵行屡变随纵横”

《辽史》卷九三《萧惠传》说，“(宋人)师老兵疲”。《金史》卷一〇九《许古传》载录许古“宋人孱弱”“北兵方强”的形势分析。《金史》卷一二一《忠义传一·王维翰》也可见“宋主怠于政事，南兵佻弱”的说法。《元史》卷八《世祖纪五》又载阿术言：“臣略地江淮，备见宋兵弱于往昔。”《元史》卷一二八《阿术传》作“臣久在行间，备见宋兵弱于往昔”。然而战场上往往处于劣势的宋朝军队，在阅兵场上却能超常发挥表演优势。

宋人赵抃《清献集》卷四有《武林阅兵》诗：“吴天霜晓弄寒晖，金鼓喧阗人阅时。帐下万兵听号令，军中诸将肃威仪。”对于“大阅”之壮观庄严，描述真切。有意思的是，在人称“名实俱亏，积弱之势既成，益见其恹恹不振”(《评鉴阐要》卷七)的宋代，诗人咏叹“阅兵”的诗作数量却相对偏多。例如文同《丹渊集》卷一一《和提刑郎中阅兵之什》：“晓营金革列周遭，大纛长牙拥帐高。

虎豹用韬传妙略，龙蛇供阵役群豪。”又刘才邵《檆溪居士集》卷二《勒兵行》：“高台晓色明双旌，来看将军亲阅兵。甲光荧荧照秋水，阵行屡变随纵横。”都生动描述了阅兵时“虎豹”“龙蛇”拥集而“阵行”“纵横”的场景。可惜“金革”“甲色”面对“高台”体现的强势军力和英雄主义气概，没有能够很好地展现在战场上。

6. 乾隆的“阅兵”诗

清乾隆帝诗作数量甚多。《清史稿》卷三〇二《汪由敦传》写道：“乾隆间，大臣初入直军机处，上以日所制诗用丹笔作草，或口授令移录，谓之‘诗片’。”军机大臣甚至充任为乾隆“移录”诗篇的写手。

乾隆有好几首以“阅兵”为题的诗作。如：“诘戎伊古重，爽值九秋天。气霁炮声壮，云开旗色鲜。联营团写月，驰道直抨弦。廉李遗风在，干城尚勉旃。”又：“伊古巡方重，观民及诘戎。金明习战旧，黄幄阅兵同。组练光争耀，兜鍪气益雄。从来安不忘，至治默存中。”又：“建业开牙驻禁军，当年深意守惟勤。安时要不忘危日，诘武宁当视具文。八色旗分光耀旭，千行士厉气凌云。方行禹迹无非事，大烈钦承勖绍闻。”诗句真切描写当时形势，“炮声”“旗色”，表现出武威雄风。

“廉李”，是指战国时期的赵国名将廉颇、李牧。所谓“气霁炮声壮”，似乎体现阅兵时有比较先进的热兵器的展示。

“组练光争耀，兜鍪气益雄”，“八色旗分光耀旭，千行士厉气凌云”诗句中所见“光耀”，或许可借以曲折表现许多帝王热心这种活动的心理动机，有政治虚荣的成分在。而通过“习战”方式以求“安时要不忘危日”以及“从来安不忘，至治默存中”的理念，则或许是值得肯定的。

中国古代交通法规的“贱避贵”原则

中国古代在专制体制得到强化的年代，社会权利的分享形式会发生畸变，拥有行政权的社会等级往往享有其他各种特权。以交通形式而言，帝王贵族高官通常在路权使用方面居有绝对的优势地位。这种优势往往使得社会下层民众的交通权利受到侵害，实际上也使得社会的公权受到侵害。这一情形得到律令体系全面而明确的肯定和保障，是法制史学者应当关注的事实。

1. 驰道制度

秦帝国实现统一的第二年，即秦始皇二十七年（前220），有“治驰道”的重大行政举措。这一行政内容载入《史记》卷六《秦始皇本纪》，说明这一工程是由最高执政集团策划并主持施工的。驰道的修筑，可以说是秦汉交通建设事业中具有最突出时代特色的成就。通过秦始皇和秦二世的出巡路线，可知驰道当时已经结成了全国陆路交通网的基本脉络。《史记》卷八七《李斯列传》记载，曾经作为秦中央政权主要决策者之一的左丞相李斯被赵高关押，在狱中向秦二世上书自陈，历数功绩有七项，其中第六项就是“治驰道，兴游观，以见主之得意”。可见这一交通建设工程是由丞相这样的高级官僚主持规划施工的，而秦的交通道路网的重要作用，是在炫耀皇帝的“得意”。刘邦见到过秦始皇出行，感叹道：“嗟乎，大丈夫当如此也！”（《史记》卷八《高祖本纪》）项羽目睹“游会稽，渡浙江”的秦始皇，说：“彼可取而代也。”（《史记》卷七《项羽本纪》）刘项看到秦始皇出巡车队时的观感，都真切体现出秦始皇出行时的“得意”。

《礼记·曲礼》中说到国君遇灾年时自为贬损诸事，包括“驰道不除”。或许“驰道”之称最初可早至先秦，然而当时尚未形成完备的道路制度。孔颖达解释说：“驰道，正道，如今御路也。是君驰走车马之处，故曰驰道也。”《说文·马部》：“驰，大驱也。”段玉裁注：“驰亦驱也，较大而疾耳。”看来，驰道是区别于普通道路的高速道路。所谓“是君驰走车马之处”，体现“驰道”行走权的等级限定。

从史籍记载可知，秦汉驰道制度有不允许随意穿行的严格规定。史载汉成帝为太子时故事，“初居桂宫，上尝急召，太子出龙楼门，不敢绝驰道，西至直城门，得绝乃度，还入作室门。上迟之，问其故，以状对。上大说，乃著令，令太子得绝驰道云”。(《汉书》卷一〇《成帝纪》) 刘骜在元帝急召的情况下，以太子身份，仍“不敢绝驰道”，绕行至直城门，“得绝乃度”。此后元帝“著令”，特许太子可以“绝驰道”。所谓“乃著令，令太子得绝驰道云”，颜师古注:“言‘云’者，此举著令之文。”就是说，所谓“令太子得绝驰道”，正是令文内容。驰道不能随处横度，大约设置有专门的平交道口或者立交道口，以使行人“得绝”而度。史念海曾指出:“畿辅之地，殆因车驾频出，故禁止吏人穿行。若其他各地则不闻有此，是吏民亦可行其上矣。”（史念海:《秦汉时代国内之交通路线》,《文史杂志》3卷1、2期，收入《河山集》四集，陕西师范大学出版社1991年12月版）以驰道分布之广，推断关东地区不致有如此严格的禁令。确实“畿辅”以外的“其他各地”没有看到禁令如此严格的实例。

秦汉驰道制度的另一条严格规定，是非经特许，不得“行驰道中”。云梦龙岗秦简有涉及“驰道”的内容：“敢行驰道中者，皆覆（迁）之；其骑及以乘车、轺车☑”（五四），“☑牛、牛☑”（五五），“☑车□☑”（五六），“☑车”（五七），“行之，有（又）没入其车、马、牛县、道【官】，县、道☑。（五八）”

整理者以为这几枚简可以缀合，释文为：“敢行驰道中者，皆覆（迁）之；其骑及以乘车、轺车（五四）牛、牛（五五）车、輓车（五七）行之，有（又）没入其车、马、牛县、道【官】，县、道☑（五八）。”（中国文物研究所、湖北省文物考古研究所：《龙岗秦简》，中华书局2001年8月版，第95页）简文记录了禁行“驰道中”的制度。秦汉驰道是有分行线的高速道路，中央三丈为皇帝专有。

汉武帝时禁令似乎最为严格，《汉书》卷四五《江充传》记载，江充拜为直指绣衣使者，“出逢馆陶长公主行驰道中”，于是拦截斥问，公主辩解说，“有太后诏”。江充则强调，即使有太后诏准，也只有公主一人得行，随行车骑是不允许的。于是“尽劾没入官”。颜师古注引如淳曰：“《令乙》：骑乘车马行驰道中，已论者没入车马被具。”也说相关规定明确列入法令。据颜师古注，馆陶长公主是“武帝之姑，即陈皇后母也”。可知执法之严厉。江充又曾逢太子家使乘车马“行驰道中”，也加以扣押。太子刘据请求从宽处理，被江充严词拒绝。江充因此得到汉武帝欣赏，一时“大见信用，威震京师”。《汉书》卷四五《江充传》写道：“后充从上甘泉，逢太子家使乘车马行驰道中，充以属吏。太子闻之，使人谢充曰：‘非爱车马，诚不欲令上闻之，以教敕亡素者。唯江君宽之！’充不听，遂白奏。上曰：‘人臣当如是矣。’大见信用，威震京师。”汉武帝尊奉其乳母，“乳母所言，未尝不听”，于是“有诏得令乳母乘车行驰道中”（《史记》卷一一六《滑稽列传》褚少孙补述）。未有诏令而“行驰道中”，应依法受到严厉的处罚。

《汉书》卷七二《鲍宣传》记述了汉哀帝时任长安附

近地区行政治安总管的司隶校尉鲍宣直接维护驰道行车制度的故事：“丞相孔光四时行园陵，官属以令行驰道中，宣出逢之，使吏钩止丞相掾史，没入其车马，摧辱宰相。”颜师古注引如淳的说法：“《令》：诸使有制得行驰道中者，行旁道，无得行中央三丈也。”也说明正式颁布的法令中有驰道禁行的内容。鲍宣的处理有偏执之嫌，随即受到皇帝处置，而后又引发了太学生的抗议（参看王子今：《西汉长安的太学生运动》，《唐都学刊》2008 年 6 期；《王咸举幡：舆论史、教育史和士人心态史的考察》，《读书》2009 年 6 期）。除了《汉书》卷七二《鲍宣传》所记载丞相孔光属下的掾史“行驰道中”被司隶鲍宣拘捕，车马均被没收之外，翟方进“为丞相司直，从上甘泉，行驰道中”，为司隶校尉陈庆劾奏，“没入车马”。（《汉书》卷八四《翟方进传》）

到汉宣帝时，当时人已经注意到“今驰道不小也，而民公犯之，以其罚罪之轻也”，又有“乘骑车马行驰道中，吏举苛而不止”情形。（《盐铁论·刑德》）驰道制度实际上已受到严重破坏，当权者已无法对违禁者一一进行严厉处罚。到了汉平帝元始元年（1）六月，终于“罢明光宫及三辅驰道”（《汉书》卷一二《平帝纪》）。罢三辅驰道不大可能是毁断已有道路，应理解为禁行“驰道中”的制度终于废止。驰道制度的这一变化，不仅仅是皇权衰落的标志，应当说也是顺应了交通事业进一步发展的要求，是以乘马和高速车辆的空前普及为背景的。然而王莽地皇三年（22）下书说到“常安御道”（《汉书》卷九九下《王莽传下》），反映帝王专有道路在都城及附近地区依然存在。

《史记》卷六《秦始皇本纪》“治驰道”句下，裴骃《集解》引应劭曰：“驰道，天子道也，道若今之中道然。”可见东汉时仍有近似于驰道的皇家专用道路。“御道”存在的直接例证又有《后汉书》卷三三《虞延传》：“（建武二十三年）帝乃临御道之馆，亲录囚徒。”《太平御览》卷一九五引陆机《洛阳记》：“宫门及城中大道皆分作三，中央御道，两边筑土墙，高四尺余，外分之，唯公卿、尚书，章服，从中道，凡人皆行左右。”所谓“中央御道”，大致可以沟通所谓“中道”和“御道”概念的含义。《晋书》卷二八《五行志中》：“义熙中，宫城上及御道左右皆生蒺藜，亦草妖也。蒺藜有刺，不可践而行。生宫墙及驰道，天戒若曰：人君不听政，虽有宫室驰道，若空废也。故生蒺藜。”《晋书》卷二九《五行志下》：“（元帝永昌元年）八月，暴风坏屋，拔御道柳树百余株。”

曹植“尝乘车行驰道中，开司马门出。太祖大怒，公车令坐死。由是重诸侯科禁，而植宠日衰”（《三国志》卷一九《魏书·陈思王植传》）。汉魏之际都城中大约又有驰道制度，但可能只局限于宫城及附近大道的部分区段，不像西汉早中期那样全线都禁止通行了。

《晋书》卷二八《五行志中》：“义熙中，宫城上及御道左右皆生蒺藜，亦草妖也。蒺藜有刺，不可践而行。生宫墙及驰道，天戒若曰：人君不听政，虽有宫室驰道，若空废也。故生蒺藜。”所谓“御道”和“驰道”在正史中互用，说明两种表述方式的指代对象是大体一致的。后世“驰道”名号含义或有不同。《宋书》卷六《孝武帝纪》：“（大明五年闰月）初立驰道，自阊阖门至于朱雀门。又自承明门至于玄武湖。”此“驰道”应即“御道”。而《隋书》卷三《炀帝纪三》:“(大业三年五月)戊午，发河北十余郡丁男凿太行山，达于并州，以通驰道。”则“驰道”应指高速道路，未必有禁行限行制度。但是史籍仍多见有以“驰道”称皇家专有道路或皇家拥有特殊通行特权者，继承了秦汉以来的传统交通意识。以正史为例，有《旧唐书》卷九六《宋璟传》,《新唐书》卷四九上《百官志上》、卷五〇《兵志》、卷一一五《狄仁杰传》、卷一二四《宋璟传》,《宋史》卷三二八《安焘传》,《金史》卷一一《礼志三》、卷一二八《循吏列传·刘焕》,《元史》卷七八《祭祀志三》、卷一八五《盖苗传》、卷二〇三《方技列传·田忠良》,《明史》卷四八《礼志二》、卷四九《礼志三》、卷六八《舆服志》、卷一三六《崔亮传》、卷三〇九《流贼列传·李自成传》，等等。

2. 警趕·儆跸

帝王出行时，又有在一定时间内全面占有道路，强制性禁止平民通行的制度，即“趕”或“跸”。

《说文·走部》:“趕，止行也。”段玉裁注:“今礼经皆作‘跸’，惟《大司寇》释文作‘趩’，云本亦作‘跸’，是可见古经多后人改窜。亦有仅存古字也。《五经文字》曰：‘趩，止行也。’《梁孝王传》：‘出称警，入言趩。’”《史记》卷五八《梁孝王世家》：“得赐天子旌旗，出从千乘万骑。东西驰猎，拟于天子。出言趩，入言警。”司马贞《索隐》：“《汉旧仪》云：‘皇帝辇动称警，出殿则传跸，止人清道。’言‘出’‘入’者，互文耳，入亦有跸。”《汉书》卷四七《文三王传·梁孝王武》：“得赐天子旌旗，从千乘万骑，出称警，入言趩，拟于天子。”颜师古注：“警者戒肃也，趩止行人也。言出入者互文耳，出亦有趩。《汉仪注》：‘皇帝辇动，左右侍帷幄者称警，出殿则传跸，止人清道也。”

所谓“趩”或“跸”，即道路戒严形式。

《史记》卷一〇二《张释之冯唐列传》讲述了这样一个故事：“上行出中渭桥，有一人从桥下走出，乘舆马惊。于是使骑捕，属之廷尉。”主持司法的廷尉张释之对此案的处理，成为中国法制史和中国法律思想史上著名的案例。司马迁记述的原文是：“廷尉释之治问，曰：‘县人来，闻跸匿桥下，久之，以为行已过，即出，见乘舆车骑即走耳。’廷尉奏当一人犯跸，当罚金。”汉文帝大怒，以为惩罚过轻：“此人亲惊吾马，吾马赖柔和，令他马，固不败伤我乎？而廷尉乃当之罚金！”张释之则坚持说：“法者，天子所与天下公共也。今法如此而更重之，是法不信于民也。且方其时，上使立诛之则已。今既下廷尉，廷尉，天下之平也，一倾而天下用法皆为轻重，民安所措其手足？唯陛下察之。”以为现在法律条文规定如此，而处罚却要依据陛下个人的情感倾向无端加重，则必然会使法律在民众心目中的确定性和严肃性受到损害。既然交由廷尉处置，自然应当秉公办事。事后，汉文帝承认张释之的意见是正确的。张释之执法的这一著名故事，说明了“法者，天子所与天下公共也”意识的早期形成，也告知我们，西汉“跸”的制度以及“犯跸”处罚规定推行的情形。所谓“方其时，上使立诛之则已”，说明现场执行“跸”的制度由皇帝亲自决策使用残酷杀戮的处罚形式，开明如张释之也是以为可以接受的。

“跸”应当是在先秦时期已经形成的交通制度。《周礼·夏官司马·隶仆》：“掌跸宫中之事。”郑玄注：“宫中有事则跸。郑司农云：跸，谓止行者清道，若今时儆跸。”《周礼·天官冢宰·宫正》：“凡邦之事跸。”郑玄注：“凡邦之事跸，国有事，王当出，则宫正主禁绝行者，若今时卫士填街跸也。”《周礼·秋官司寇·大司寇》：“凡邦之大事，使其属跸。”郑玄注：“故书‘跸’作‘避’。杜子春云：‘避’当为‘辟’，谓辟除奸人也。玄谓‘跸’，止行也。”《礼记·曾子问》：“主出庙入庙，比跸。”郑玄注也说：“‘跸’，止行也。”“跸”的本义是“止行者”，也就是禁止一般人通行。其最初有谋求安全的动机，即所谓“辟除奸人”。“儆跸”即“警跸”，也就是在君王出行时，于所经路途侍卫警戒，清道止行，实行交通道路戒严，用禁止他人通行的方式保证最高政治权力拥有者出入的安全与畅通。

“警跸”不仅仅限于交通优先权的问题，实际上体现出专制帝王对公共交通条件的强力霸占。而由《汉官旧仪》卷上所谓“出殿则传跸，止人清道”，可以知道这种强制性的道路专有，对公共交通的阻碍往往是相当严重的。张释之故事中“闻跸匿桥下”者“久之，以为行已过”，也说明“警跸”对公共交通设施的霸占往往时间超长。

《唐律疏议》卷二六《杂律》明确规定：“诸侵巷街、阡陌者，杖七十。”疏议曰：“‘侵巷街、阡陌’，谓公行之所，若许私侵，便有所废，故杖七十。”可见法律是维护公共交通条件“公行之所”的，“私侵”即私人有所损害侵犯者，应予依法惩罚。那么，“警跸”对交通道路的“侵”，为什么被看作是合法的呢？这是因为在专制制度下，帝王的地位至高无上，而且帝王就是国家的代表，这种侵害是不被看作“私侵”的。

3. 官场风习：“行李自大”“道路相高”

对公共交通条件的占有，也表现在贵族将相高官出行时“清道”成为常规。权贵官僚出行时为了提高“止人清道”的效率，往往采用以声响威慑的方式。《古今注》卷上写道：“两汉京兆河南尹及执金吾司隶校尉，皆使人导引传呼，使行者止，坐者起。”这种“传呼”，唐代又通常称作“喝道”。

《旧唐书》卷一六五《温造传》记载，御史中丞温造“尝遇左补阙李虞于街，怒其不避”，捕其随从予以笞辱。他在路遇中书舍人李虞仲时，又曾经强行牵走李虞仲乘车的“引马”。与知制诰崔咸相逢，竟然“捉其从人”。之所以在道路行走时就避与不避“暴犯益甚”，就是因为温造自以为权势高大，“恣行胸臆，曾无畏忌”。于是有大臣上奏：“臣闻元和、长庆中，中丞行李不过半坊，今乃远至两坊，谓之‘笼街喝道’。但以崇高自大，不思僭拟之嫌。”以为如果不予纠正，则损害了古来制度。唐文宗于是宣布敕令：“宪官之职，在指佞触邪，不在行李自大。侍臣之职，在献可替否，不在道路相高。并列通班，合知名分，如闻喧竞，亦已再三，既招人言，甚损朝体。其台官与供奉官同道，听先后而行，道途即只揖而过，其参从人则各随本官之后，少相辟避，勿言冲突。又闻近日已来，应合导从官，事力多者，街衢之中，行李太过。自今后传呼，前后不得过三百步。”这是皇帝亲自就交通规则发表权威性具体指示的罕见的史例。官僚“笼街喝道”，

“街衢之中，行李太过”，迫使皇帝干预，可见这种现象对社会的危害已经相当严重了。“行李自大”，“道路相高”，形成了官场风气。从唐文宗指令“自今后传呼，前后不得过三百步”，可以推知以往高官出行道路占有，到了何等程度。所谓“行李太过”，是说随从车骑队列规模过大。顾炎武《日知录》卷三二“行李”条写道：“唐时谓官府导从之人亦曰‘行李’。”所举例证，就是温造故事。“元和、长庆中，中丞行李不过半坊”，《山堂肆考》卷六二写作“中丞呵止不过半坊”。

韩愈《饮城南道边古墓上逢中丞过赠礼部卫员外少室张道士》诗：“偶上城南土骨堆，共倾春酒三五杯。为逢桃树相料理，不觉中丞喝道来。”说到赏春时遭遇“喝道”的情形。王伯大注：“中丞，谓裴度也。”（钱仲联集释：《韩昌黎诗系年集释》，上海古籍出版社1984年8月版，下册，第917页）《说郛》卷七八李商隐《义山杂纂》“杀风景”条所列凡十二种情景，第一种就是“花间喝道”。宋人周密《齐东野语》卷一五“花憎嫉”条所列十四项，包括“花径喝道”。宋人胡仔《苕溪渔隐丛话》

前集卷二二：“《西清诗话》云：《义山杂纂》品目数十，盖以文滑稽者。其一曰‘杀风景’。谓：‘清泉濯足、花上晒裈、背山起楼、烧琴煮鹤、对花啜茶、松下喝道。’”“王荆公元丰末居金陵，蒋大漕之奇夜谒公于蒋山，驺唱甚都。公取‘松下喝道’语作诗戏之云：‘扶衰南陌望长楸，灯火如星满地流。但怪传呼杀风景，岂知禅客夜相投。’自此‘杀风景’之语，颇著于世。”明人徐𤊹《徐氏笔精》卷三“杀风景”条：“松间喝道，甚杀风景。严维《游云门寺》云：‘深木鸣驺驭，晴山耀武贲，实不雅也。’蔡襄云：‘欲望乔松却飞盖，为听山鸟歇鸣驺。’庶几免俗。”无论是“花间喝道”“花径喝道”还是“松下喝道”“松间喝道”，都是对文人雅趣的粗暴干扰。明人王廷陈《梦泽集》写道，有人游衍别墅，“闻唱驺声，惊曰：‘何物俗吏喝道入吾林！’”也体现了同样的愤懑。而通常“喝道”这种对“公行之所”的“私侵”，社会危害显然远远比“杀风景”更为严重。

在官场日常生活中，“出从笼街驭，时观避路人”（〔宋〕苏颂《和丁御史出郊雩祀夕雨初霁》，《苏魏公文集》卷七），是极平常的感觉。然而“路巷街”这种“公行之所”，并非一般的生存空间，对于经济往来、文化交流、信息沟通，有特别重要的意义。对公共交通条件的霸占，实际上是一种严重的罪恶。这种现象，形成渊源久远的社会公害。

对于以“笼街”“喝道”宣示威权是否特别看重，在权力阶层中，其实也是因人而异的。宋人周紫芝诗句“何处笼街引旆旌，老翁高卧听鸡声”（《再酬得臣》，《太仓稊米集》卷三八），“可笑只今春梦里，五更欹枕听笼街”（《晓枕不寐书所感三首》，《太仓稊米集》卷二八），“客至未妨频叩户，人生何必要笼街”（《次韵静翁雪中见过三首》，《太仓稊米集》卷一九），表露对“笼街”这种作威作福形式的冷漠。

我们又看到，同样是从宰相职位上退下来的王安石和陈升之，对于炫耀声威的交通条件占有方式，态度是截然不同的。宋人王铚《默记》卷中写道：“陈秀公罢相，以镇江军节度使判扬州。其先茔在润州，而镇江即本镇也。每岁十月旦、寒食，诏许两往镇江展省。两州送迎，旌旗舳舰，官吏锦绣相属乎道，今古一时之盛也。是时王荆公居蒋山，骑驴出入。会荆公病愈，秀公请于朝许带人从往省荆公，诏许之。舟楫衔尾，蔽江而下，街告而于舟中喝道不绝，人皆叹之。荆公闻其来，以二肩鼠尾轿迎于江上。秀公鼓旗舰舳正喝道，荆公忽于芦苇间驻车以俟。秀公令就岸大船回旋久之，乃能泊而相见。秀公大惭。其归也，令罢舟中喝道。”

以“笼街”“喝道”等形式表现的侵夺“公行之所”的恶劣情形，在帝制时代的后期似乎已经逐渐有所收敛。清人王士禛《香祖笔记》卷一一记述当时的制度：“京朝官三品已上，在京乘四人肩舆，舆前藤棍双引喝道。四品自佥都御史已下，止乘二人肩舆，单引不喝道。宋人喝道，皆云‘某官来’，以便行人回避。明代阁臣入直，呵殿至闱禁中。今则棋盘街左右即止，凡八座皆然。行人亦无回避者矣。今京官四品如国子监祭酒、詹事府少詹、都察院佥都御史，骑马则许开棍喝道，肩舆则否。”“凡巡抚入京陛见，多乘二人肩舆，亦不开棍喝引。”不过，如果说中国社会表现在相关交通制度方面的进步确实有所表现，这种演进的速度也显得过于缓慢，这种演进的历程也显得过于漫长。甚至直到今天，社会生活现实中，我们依然可以看到一些现代“俗吏”们对“行李自大”和“道路相高”的迷恋。

4.《仪制令》:“贱避贵”

实际上，在帝制时代，不仅是皇帝，社会上层不同等级的权力者都对公有道路有占有的欲望。在交通实践中，这种占有权的制度化，有维护“贱避贵”原则的法规予以强力保障。

宋王朝曾经正式规定将“贱避贵，少避长，轻避重，去避来”的交通法规条文公布于交通要害之处，以便全面推行。《宋史》卷二七六《孔承恭传》记载:“承恭少疏纵，及长能折节自励。尝上疏请令州县长吏询访耆老，求知民间疾苦，吏治得失。及举令文:‘贱避贵，少避长，轻避重，去避来。’请诏京兆并诸州于要害处设木牌刻其字，违者论如律。上皆为行之。”据《续资治通鉴长编》卷二四的记录，孔承宗建议公布的“令文”，正是《仪制令》：“承恭又言：《仪制令》有云‘贱避贵，少避长，轻避重，去避来’，望令两京诸道各于要害处设木刻其字，违者论如律，庶可兴礼让而厚风俗。甲申诏行其言。”所谓“违者论如律”，体现这一规定的法律效力。

看来，《宋史》所谓“举令文”，不可理解为孔承宗始制《仪制令》。他建议的，应当只是在交通要害地方公布这一法令。

《山西通志》卷五八《古迹一·襄垣县》“义令石”条写道：“县郝村之北，道隘，有义令立石，大书‘轻避重，少避老，贱避贵，来避去’四言，今存。”我们今天仍然可以看到的记录这一法令的实物，有陕西略阳灵隐寺宋代《仪制令》石碑。碑高 0.6 米，宽 0.4 米，中刻“仪制令”三字，其下刻“贱避贵，少避长，轻避重，去避来”。款识“淳熙辛丑邑令王立石”。这应当是迄今所见年代最早的公布交通法规的文物遗存了（张在明主编：《中国文物地图集·陕西分册》，西安地图出版社 1998 年 12 月版，上册，第 324 页至第 325 页，下册，第 1057 页）。陕西略阳《仪制令》石碑年代为南宋孝宗淳熙八年

（1181）。福建松溪也发现《仪制令》石碑，年代为南宋宁宗开禧元年（1205）。一件发现于渭田镇竹贤村，高 1.5 米，宽 0.6 米。碑文楷书：“松溪县永里廿一都地名东领村，东至本县七十里，西至浦城界二五里。贱避贵，少避老，轻避重，去避来。开禧元年八月一日羲役长陈俊、功郎县尉林高立。”另一件发现于旧县乡河边码头，碑高 1.34 米，宽 0.54 米，厚 0.15 米。碑文五行，中刻“松溪县皈伏里十三都，地名故县”，两边刻：“贱避贵，少避长，轻避重，去避来”，“东趣马大仙殿五里，西趣麻布岭后五里”，落款是“开禧元年四月望日，保正魏安迪、功郎县尉林高立”（郑国珍主编：《中国文物地图集·福建分册》，福建省地图出版社 2007 年 12 月版，上册，第 262 页至第 263 页，下册，第 645 页）。“邑令”和“县尉”立碑，可知是政府行为。虽然福建发现的《仪制令》石碑包括指示里程方向的内容，但是宣传的主题依然是“贱避贵，少避老，轻避重，去避来”，“贱避贵，少避长，轻避重，去避来”。“贱避贵”，是首要的要求。

《仪制令》其中所谓“贱避贵”，强调卑贱者应当避让尊贵者，通过公共交通条件的使用权利的差别，鲜明地体现了古代交通管理的等级制度。

也有人以为，《仪制令》是孔承恭建议制定的。宋人江少虞撰《事实类苑》卷二一"榜刻仪制令四条"，其一据《杨文公谈苑》说："孔弧次恭为大理正。太平兴国中，上言《仪制令》云：'贱避贵，少避长，轻避重，去避来。'望令两京诸州于要害处刻榜以揭之，所以兴礼让而厚风俗。诏从之，令于通衢四刻榜记，今多有焉。"其二又据《玉壶清话》："孔承恭上言《仪制令》四条件，乞置木牌，立于邮堠。"又记录了宋太宗与孔承恭就《仪制令》内容的对话："一日，太宗问承恭曰：'《令》文中贵贱、少长、轻重，各自相避并记，何必又云去避来？此义安在？'承恭曰：'此必恭戒于去来者，至相回避耳。'上曰：'不然。借使去来相避，止是憧憧，于通衢之人密如交蚁，焉能一一必相避哉？但恐设律者别有他意。'其精悉若是。"从宋太宗时代有关交通法规的御前讨论看，事实当如《玉壶清话》所说，孔承恭其实并不是《仪制令》的"设律者"。

通过法律文献记录可以知道，实际上，早在唐代，这样的制度已经明确见于“令文”。

《唐律疏议》卷二七《杂律》“违令式”规定：“诸违令者笞五十……”注文：“谓令有禁制而律无罪名者。”疏议曰：“‘令有禁制’，谓《仪制令》‘行路，贱避贵，去避来’之类。”刘俊文《唐律疏议笺解》指出：“按此令已佚，《大唐开元礼》卷三《序例杂制》载有类似之内容，疑即令文。文云：‘凡行路巷街，贱避贵，少避老，轻避重，去避来。’”（刘俊文：《唐律疏议笺解》，中华书局1996年6月版，下册，第1944页）

“贱避贵”的交通规则，其实有十分久远的渊源。人们熟知的“将相和”的故事中，有蔺相如行路避让廉颇的情节。《史记》卷八一《廉颇蔺相如列传》记载：“既罢归国，以相如功大，拜为上卿，位在廉颇之右。廉颇曰：‘我为赵将，有攻城野战之大功，而蔺相如徒以口舌为劳，而位居我上，且相如素贱人，吾羞，不忍为之下。’宣言曰：‘我见相如，必辱之。’相如闻，不肯与会。相如每朝时，常称病，不欲与廉颇争列。已而相如出，望见廉颇，相如引车避匿。”这一故事，有人称之为“廉蔺门易轨”（〔晋〕

曹摅《感旧》诗：“廉蔺门易轨。”《文选》卷二九）。清何焯《义门读书记》卷四七《文选·诗》“曹颜远《感旧》诗‘廉蔺门易轨’”条：“注引《史记》曰‘蔺相如出望见廉颇，相如引车避匿’云云，按因廉公客去之事，并蔺牵连及之，不用相避事也。”蔺相如这样的表现，与其“位在廉颇之右”的地位不相符合，所以身边舍人自羞请辞。《史记》卷八一《廉颇蔺相如列传》：“……于是舍人相与谏曰：‘臣所以去亲戚而事君者，徒慕君之高义也。今君与廉颇同列，廉君宣恶言而君畏匿之，恐惧殊甚，且庸人尚羞之，况于将相乎！臣等不肖，请辞去。’”显然，按照常规，原本应当廉颇避让蔺相如。这样的制度甚至表现在水路交通活动中。《三国志》卷五七《吴书·虞翻传》写道：“（虞）翻尝乘船行，与麋芳相逢，芳船上人多欲令翻自避，先驱曰：‘避将军船！’翻厉声曰：‘失忠与信，何以事君？倾人二城，而称将军，可乎？’芳阖户不应而遽避之。”看来，“先驱”呼“避将军船”是当时礼俗制度，应当类似前说王荆公、陈秀公故事所谓“舟中喝道”。虞翻坚意不自避，而最终迫使麋芳“遽避之”，是因为傲然蔑视对方人格，而麋芳亦内心羞愧的缘故。和蔺相如“引车避匿”同样，这是一种反常规的表现。

5.“执金吾清道”“卒辟车”与“街卒”职任

前引郑司农《周礼》注所谓“今时卫士填街跸”，说明帝王出行时，“警跸”常常是由武装人员执行的。《汉官旧仪》卷上所谓“卫官填街，骑士塞路”，体现了“警跸”的形式。《续汉书·百官志四》：“（执金吾）本有式道左右中候三人，六百石，车驾出，掌在前清道。”“警跸”往往采取暴力手段。《周礼·秋官司寇·条狼氏》：“执鞭以趋辟。”郑玄注：“趋辟，趋而辟行人，若今卒辟车之为也。”张释之对汉文帝说：“方其时，上使立诛之则已。”也体现了这一制度的严酷。《古今注》卷上说，这些“在前清道”的武士“皆持角弓，违者则射之”，负责“清道”的武装人员竟然可以随时随意决定“犯跸”者的生死。

《后汉书》卷八一《独行列传·范式》记述范式和他的朋友孔嵩的故事，说到孔嵩的“街卒”身份：“（范式）举州茂才，四迁荆州刺史。友人南阳孔嵩，家贫亲老，乃变名姓，佣为新野县阿里街卒。式行部到新野，而县选嵩为导骑迎式。式见而识之，呼嵩，把臂谓曰：'子非孔仲山邪？'对之叹息，语及平生。曰：'昔与子俱曳长裾，游息帝学，吾蒙国恩，致位牧伯，而子怀道隐身，处于卒伍，不亦惜乎！'嵩曰：'侯嬴长守于贱业，晨门肆志于抱关。子欲居九夷，不患其陋。贫者士之宜，岂为鄙哉！'式敕县代嵩，嵩以为先佣未竟，不肯去。"《太平御览》卷四八四引华峤《后汉书》的说法与《后汉书》卷八一《独行列传·范式》略有不同。"阿里街卒"，李贤注："阿里，里名也。"关于"县选嵩为导骑迎式"，李贤解释说："导引之骑。"可知有仪仗意义。但是这种"导引"，其实也是一种交通管理的方式。

理解"街卒"负责"街"的治安与交通管理的情形，可以借助后世若干资料作为参考。如《异苑》卷八可以看到这样的神异故事："元嘉初，建康大夏营寡妇严，有人称华督与严结好。街卒夜见一丈夫行造护军府。府在建阳门内。街卒呵问，答曰：我华督造府。径沿西墙而入。街卒以其犯夜，邀击之，乃变为鼍。察其所出入处，甚莹滑，通府中池。池先有鼍窟，岁久因能为魅。杀之乃绝。”又《太平广记》卷四六八“寡妇严”条：“建康大夏营寡妇严，宋元嘉初，有人称华督与严结好。街卒夜见一丈夫行造护军府。府在建阳门内。街卒呵问，答云：‘我华督还府。’径沿西墙欲入。街卒以其犯夜，邀击之，乃变为鼍。察其所出入处，甚莹滑，通府中池。池先有鼍窟，岁久因能为魅。杀之遂绝。出《异苑》。”可知“街卒”负责对“犯夜”者的纠察，有权力“呵问”甚至“邀击”。这种行为在汉史中是可以看到相关例证的。《艺文类聚》卷四九引《汉官解诂》说卫尉职责：“从昏至晨，分部行夜，夜有行者，辄前曰：‘谁！谁！’若此不解，终岁更始，所以重慎宿卫也。”可知汉代都市有专职查禁夜行的武装人员。“若此不解”，《太平御览》卷二三〇引作“若此不懈”。

赵王刘彭祖“常夜从走卒行徼邯郸中”（《汉书》卷五三《景十三王传·赵敬肃王刘彭祖》），有可能也是纠察违禁夜行者。曹操任洛阳北部尉“有犯禁者，不避豪强，皆棒杀之”，“灵帝爱幸小黄门蹇硕叔父夜行，即杀之”(《三国志》卷一《魏书·武帝纪》裴松之注引《曹瞒传》)，是为以极端手段执行这一禁令的罕见特例。

甘谷汉简如下简文涉及“街”的治安，可以在我们讨论“街卒”职任时引为参考：“广陵令解登、巨鹿鄗守长张建、广宗长□、□、福登令丞曹掾许敦、门下吏彤石、游徼龙进、亅侯马徐、沙福亭长樊赦等，令宗室刘江、刘瑜、刘树、刘举等，著赤帻为伍长，守街治滞。谥（正文）弟十（背文）。”（张学正：《甘谷汉简考释》，甘肃省文物队、甘肃省博物馆编：《汉简研究文集》，甘肃人民出版社1984年9月版，第90页）研究者指出：“根据同墓共存的灰陶罐上朱书文字，有‘刘氏之泉’‘刘氏之家’，乃知埋于东汉晚期的刘姓墓地。”

我们看到，对甘谷汉简进行初步研究的成果中，“考释”部分的释文，与“释文”部分略有不同。甚至格式亦有异。正面文字作：“广陵令解登巨鹿鄗守长张建广宗长□□福登令丞曹掾许敦门下吏彤石游徼龙进侯马沙福亭长樊赦等令宗室刘江刘瑜刘树刘举等著赤帻为伍长守街治滞”（张学正：《甘谷汉简考释》，《汉简研究文集》，第

106 页至第 108 页）

又有研究者解释：“刘江”“刘瑜”“刘树”“刘举”等四人名，都是宗室族属。“赤帻”，一种红色的头巾，卑贱执事者，皆着赤帻。（原注：“《后汉书·光武帝纪》注引蔡邕《独断》云：帻，古者卑贱执事不冠者之所服也。董仲舒《上雨书》曰：‘执事者皆赤帻。’”）“伍长”，主伍家之长，是为汉时治民的“什伍”组织，互相进行检察（原注：“《后汉书·百官志》：‘民有什伍’，‘什主十家，伍主五家，以相检察’。”张学正：《甘谷汉简考释》，《汉简研究文集》，第 141 页）。“滞”者，《说文》曰“滞，凝也”，含有阻止之意。

以“阻止”解释这里“滞”的字义，似有不妥。而《散见简牍合辑》的释文又有所不同：“☑广陵令解登巨鹿鄡守长张建广宗长□□福登令曹掾许敦门下吏彤石游徼龙进☑亅兵马徐沙福亭长樊赦□令宗室刘江刘俞刘树刘举等著赤帻为伍长守街治滞□□☑亅（正面）第十（背面）（34）”（李均明、何双全编：《散见简牍合辑》，文物出版社 1990 年 7 月版，第 6 页）。

不过，释文虽然有不同的意见，但是“令宗室刘江刘俞刘树刘举等著赤帻为伍长守街治滞”的释读，判断都是大体一致的。

6.“著赤帻为伍长守街治滞”

所谓“著赤帻为伍长守街治滞”中“著赤帻”的意义值得重视。阳陵从葬坑出土陶质士兵俑有额上束红色带状织物的实例。发掘者曾经解释为“陌额”：“有一圈颜色鲜亮的朱红色绕过前额，两鬓和后脑勺，宽仅 2 厘米。在颜色上有经纬编织纹的痕迹，显然是丝织品腐朽后留下的残色所染。此物就是用作束敛头发的‘陌额’。”（王学理：《阳陵汉俑——陶塑美的旋律》，陕西省考古研究所汉陵考古队编:《中国汉阳陵彩俑》，陕西旅游出版社 1992 年版，第 8 页）这种特殊装束形式，其实很可能就是所谓“著赤帻”。“著赤帻”者并非兵俑普遍装束，暗示其身份有特殊性，或许与甘谷汉简所谓“著赤帻为伍长”者有接近处。徐州狮子山汉墓出土汉代兵俑头部也发现类似红色痕迹，应当也表现了同样的装饰样式［徐州汉文化风景园林管理处、徐州楚王陵汉兵马俑博物馆编:《狮子山楚王陵》(葛明宇编著),南京出版社 2011 年 1 月版]。这种装束的士兵在军阵中的数量比例,或许可以与阳陵从葬坑进行比较。很可能所表现的军人身份是相近的。咸阳杨家湾汉墓出土步兵俑的头饰,也有突出的红色束带状形式(陕西省咸阳市文物局编:《咸阳文物精华》,文物出版社 2002 年 9 月版,第 71 页至第 73 页、第 79 页)。由于发掘简报没有相关记述(陕西省文管会、博物馆、咸阳市博物馆杨家湾汉墓发掘小组:《咸阳杨家湾汉墓发掘简报》,《文物》1977 年 10 期),我们不清楚这种装束的士兵在俑阵中的数量和位置。当然也不排除这种可能,即此类士兵有接近"伍长"的身份。

《续汉书·礼仪志下》陈述"大丧"制度:"校尉三百人,皆赤帻不冠,绛科单衣,持幢幡。候司马丞为行首,皆衔枚。"《后汉书》卷九《献帝纪》李贤注引《续汉书》言天子葬仪,参与者包括:"校尉三人,皆赤帻,不冠,持幢幡,皆衔枚。"说服务于"大丧"之礼的军官编队以"赤帻"为标识。《续汉书·百官志五》:"鼓吏赤帻行縢,带剑佩刀，持盾被甲，设矛戟，习射。”也说“赤帻”是特殊武装人员的标志性装束。《续汉书·舆服志上》：“铃下、侍合、门兰、部署、街里走卒，皆有程品，多少随所典领。驿马三十里一置，卒皆赤帻绛韝云。”这里说到“街里走卒”即李贤所谓“伍伯之类也”着“赤帻”，与甘谷汉简提供的信息是一致的。《后汉书》卷五八《虞诩传》：“永平、章和中，州郡以走卒钱给贷贫人。”李贤注：“走卒，伍伯之类也。《续汉志》曰：‘伍伯，公八人，中二千石六人，千石、六百石皆四人，自四百石以下至二百石皆二人。黄绶。武官伍伯，文官辟车。铃下、侍阁、门兰、部署、街里走卒，皆有程品，多少随所典领，率皆赤帻绛韝。’即今行鞭杖者也。此言钱者，令其出资钱，不役其身也。”《后汉书》卷六三《杜乔传》记载，杜乔死狱中，“乔故掾陈留杨匡闻之，号泣星行到洛阳，乃著故赤帻，托为夏门亭吏，守卫尸丧，驱护蝇虫，积十二日，都官从事执之以闻。梁太后义而不罪。匡于是带铁锧诣阙上书，并乞李、杜二公骸骨。太后许之。成礼殡殓，送乔丧还家，葬送行服，隐匿不仕”。说“亭吏”“著”“赤帻”，其身份和职任或许与“街卒”有类似处。

据《续汉书·舆服志下》记述，“帻”的使用，不同历史时期有所变化。其中说道：“……三代之世，法制滋彰，下至战国，文武并用。秦雄诸侯，乃加其武将首饰为绛袙，以表贵贱。”又说：“武吏常赤帻，成其威也。”《后汉书》卷三八《法雄传》：“永初三年，海贼张伯路等三千余人，冠赤帻，服绛衣，自称‘将军’，寇滨海九郡，杀二千石令长。”《后汉书》卷八六《南蛮传》：“（安帝元初三年）零陵蛮羊孙、陈汤等千余人，著赤帻，称将军，烧官寺，抄掠百姓。”《三国志》卷四六《吴书·孙坚传》：“坚移屯梁东，大为卓军所攻，坚与数十骑溃围而出。坚常著赤罽帻，乃脱帻令亲近将祖茂著之。卓骑争逐茂，故坚从间道得免。茂困迫，下马，以帻冠冢间烧柱，因伏草中。卓骑望见，围绕数重，定近觉是柱，乃去。”也都应看作武装人员使用“赤帻”的史例。

“赤帻”有突出显示“武”“威”的作用，而规定“街卒”作为具有制服意义的冠戴，说明这些执行交通管制任务的专职人员，是以暴烈手段武力执法的。

在帝制时代，以“贱避贵”为原则的交通法规，通常是由武装人员执行，是以暴力方式维护的。我们考察中国古代的交通史和法制史，不能忽略这样的事实。